Bergeron, Raymonde

Voix, visages et légendes

Raymonde Bergeron
Marcelle Ouellette

Voix, visages et légendes

LES ENTREPRISES RADIO-CANADA

Nous remercions chaleureusement les personnes suivantes qui nous ont apporté leur aide pour la préparation de ce livre: Roland Bédard, Roger Gaboury, Philippe Laframboise, Suzanne Langlois, Denis Monette, Roger Santerre, Henri Tranquille ainsi que mesdames Lucie Arthur et Monique Chentrier.

Photographies: Société Radio-Canada, Philippe Laframboise, Lucie Arthur, Monique Chentrier et André LeCoz.

Maquette et couverture: Jars Design inc.

Composition et montage: Typographie Sajy inc.

Publié par Les Entreprises Radio-Canada / CBC Entreprises, une division de la Société Radio-Canada, Case postale 6 000, Succursale A, Montréal (Québec) H3C 3L4

Dépôt légal, 4e trimestre 1986
Bibliothèque nationale du Québec
Bibliothèque nationale du Canada

ISBN 0-88794-328-4

Imprimé au Canada

En page couverture, de gauche à droite et de haut en bas: Miville Couture, Jean Desprez, Denise Pelletier et Camille Ducharme.

À tous nos artistes et artisans d'hier,
encore présents dans la mémoire du cœur...

PRÉFACE

«L'artiste est celui qui prend le risque de lui-même», écrit le philosophe québécois Pierre Bertrand[1].

L'artiste se risque à écrire, à chanter, à danser, à jouer pour raconter la vie en majuscules. Il nous permet, par le biais des émotions et du spectacle, de franchir les frontières du moi et d'entrer dans d'autres vies. Il nous bouscule, nous bouleverse, nous transforme. Il donne des ailes à nos rêves.

L'artiste est la création continuée du monde.

Or, depuis 50 ans, la Société Radio-Canada nous met quotidiennement en contact avec les artistes de tous les milieux, y compris celui de l'information, considérée comme un spectacle.

Bien sûr, Radio-Canada a fait la renommée de nombreux artistes. Mais ce sont également ces artistes qui ont fait la renommée de Radio-Canada. Plusieurs d'entre eux ne sont plus là pour célébrer les noces d'or de la maison d'État. Ils continuent pourtant de nous habiter à travers la joie des souvenirs.

Ces artistes et artisans de la radio et de la télévision nous ont procuré des heures inestimables de rire, de tendresse et d'émotion. À travers leurs personnages, et par leur histoire, ils ont créé nos légendes. Leurs voix et leurs visages sont inoubliables.

Raymonde Bergeron
Marcelle Ouellette

---

[1] Pierre Bertrand, *L'Artiste*, Montréal, L'Hexagone, 1985, p. 15.

Aglaé

JOCELYNE DELONGCHAMPS, JOSETTE FRANCE OU AGLAÉ?

Une colle: laquelle de ces trois chanteuses était votre préférée?

À 16 ans, Jocelyne Delongchamps, sous le nom de Josette France, fait ses premières armes comme chanteuse au Faisan doré, en même temps que brille le célèbre duo Roche et Aznavour, importé de Paris. Un membre de la famille Delongchamps escorte, chaque soir, l'adolescente qui chante. On a bien raison de la chaperonner. Elle est jolie, elle a du «chien» et les loups sont nombreux à rôder autour de l'artiste en rodage. Tous musiciens, les loups ont l'oreille fine et même la dent longue puisque le plus célèbre de la meute, Pierre Roche, va demander la jeune chanteuse en mariage. Treize jours à peine avant ses «sweet seventeen», Josette France devient madame Roche. Et c'est le voyage des Roche à Paris. Ils s'y installent.

En France, la p'tite Québécoise accepte, devant l'insistance de madame Legrand (la mère de Michel), de chanter à L'Échelle de Jacob, aux Trois Baudets, à L'Orée du bois, au Milard l'Arsouille, au College Inn, etc. Ses nouveaux amis se nomment Mouloudji, Brassens, Félix Leclerc... Monique Leyrac lui donne une chanson de Lionel Daunais intitulée **Aglaé.** «Et Félix, que je considère comme mon parrain artistique, me fait changer de nom pour celui... d'Aglaé», explique-t-elle dans les journaux. Du Québec, Lionel Daunais, plus habitué aux harmonisations classiques qu'au rythme endiablé de la «p'tite canayenne», va rouspéter à titre d'auteur de la chanson **Aglaé.** Mais le feu de la discussion s'éteint dans un lac de champagne. À Paris, Canetti, le fameux impresario, se charge de faire connaître Aglaé un peu partout en province, puis à Alger, Tunis, Casablanca... Elle chante pendant douze mois aux côtés de Tino Rossi dans l'opérette **Méditerranée.** Elle fait ses débuts au cinéma dans **Les hommes préfèrent les blondes.** On la consacre dans *Paris Match* et *Jours de France*.

Mais en 1963, à la naissance de son deuxième fils, Aglaé veut rentrer au pays, le sien. Elle veut retrouver la chaleur des fréquentations familiales, l'accent du Québec et les copains. Radio-Canada l'invite à plusieurs émissions de variétés: **Music-hall, En habit du dimanche, Bras dessus, bras dessous, Les Grands de la chanson, Zoom en liberté,** etc. À la radio, les auditeurs de **Chez Miville** et de **Visite aux chansonniers** peuvent se régaler. À l'été 64, Aglaé part en caravane pour animer avec Roger Baulu la série **Rouli-roulant**.

Toujours dynamique, pétillante, parfois sentimentale, Aglaé poursuit ici la ronde des spectacles. Mais de plus en plus, surtout au cœur des années 60, cherche-t-elle à espacer les représentations. Le temps de vivre lui importe, dorénavant... «Je ne suis pas une chanteuse qui mise sur son talent à la façon des hommes sur un cheval de course», dit-elle. C'est alors qu'elle réalise un vieux rêve: avec sa mère et ses trois sœurs, elle ouvre une boutique d'importations, rue Laurier, et suit de près les activités de ses deux fils. Quand elle va à Paris, elle ne cherche plus à fréquenter les camarades du métier... «Si je les rencontrais, je serais tentée de travailler fort, toujours plus fort. Pour le moment, je suis une autre. On va dire que je n'ai pas de cœur ou de mémoire, ça n'est pas le cas. Mais j'ai l'impression d'avoir vécu une première vie... et d'en vivre aujourd'hui une seconde qui a bien du charme.»

Heureux qui comme Aglaé peut vivre deux vies en une seule... Aujourd'hui, qui sait, en savoure-t-elle une troisième à notre insu?

Amanda Alarie

«MAMAN PLOUFFE»

Probablement parce qu'elle était originaire de Sorel, Amanda Alarie devait toujours garder cet amour du fleuve, inexplicable pour ceux qui n'ont pas suivi tout au long de leur enfance les joies et les drames d'une vie fluviale, encore intense dans les années 50.

Elle habitait seule, durant l'été, une petite mais toute petite maison recouverte de papier brique assise sur un petit mais tout petit terrain... face à l'immensité du Saint-Laurent. Rive nord. Celle que tout le monde appelait sans retenue «Maman Plouffe» vivait alors ses plus belles années de gloire, l'apogée de 50 ans de carrière.

Consacrée vedette nationale grâce à son rôle de Joséphine qu'elle jouait à la télévision dans **La Famille Plouffe**, en version française et anglaise sur les deux réseaux de Radio-Canada, la nation canadienne toute entière la considérait comme sa propre mère!

Aussi devait-elle toujours se protéger des curieux et des admirateurs, qui s'efforçaient pourtant de respecter son intimité et son repos. Mais nul ne passait devant la petite maison de Lanoraie sans ralentir le pas, les yeux longtemps rivés sur le «sanctuaire»!

Amanda Plante avait d'abord étudié le chant et le piano avec Anna Landry, madame MacMillan, Jeanne Maubourg et Arthur Laurendeau.

Épouse de Sylva Alarie, traducteur et maître de chapelle, elle avait laissé ce dernier l'influencer fortement vers une carrière artistique.

Avec sa belle voix de soprano dramatique, elle mit peu de temps à se faire remarquer à la Société canadienne d'opérette et aux Variétés lyriques. Mais suivant le conseil de Jeanne Maubourg, elle accepta finalement de se lancer dans l'aventure des pionniers de la radio à titre de comédienne. Il faudrait avoir l'esprit bien chauvin pour ne pas souligner ses débuts dans les sketches désopilants des **Deux Commères** à la station CKAC. D'autant plus que peu de temps après, elle devenait à Radio-Canada l'immortelle «Tante Lucie» et participait à la chaîne des radioromans **Rue Principale, Un homme et son péché, Jeunesse dorée, La Famille Plouffe** (rôle de Maman Plouffe) et **Métropole**. Sans compter toutes les émissions écrites par les revuistes Letondal, Bourgeois, Francœur et Gélinas, qui l'ont tour à tour invitée à tenir un rôle dans leurs parodies de l'actualité.

Amanda Alarie et son personnage de «madame Désilets» passeront très heureusement avec **Ti-Coq**, quelques années plus tard, de la scène au cinéma. À l'aise dans la communication directe et plus vraie que nature, Amanda Alarie entre de plain-pied dans les studios de télévision, sans souci d'adaptation.

Déjà à l'aise avec l'auteur Roger Lemelin et avec son personnage de Joséphine qu'elle avait longtemps joué à la radio, la comédienne déclenchait, dès les premières émissions de **La Famille Plouffe** à la télévision, un véritable phénomène sociologique. «Je dirais "biologique", précise Roger Lemelin au moment de la mort d'Amanda Alarie. Elle avait le ton, l'attitude, l'allure de la mère canadienne-française. Ce n'est pas moi, c'est elle qui inventait le personnage. Ce n'était plus une comédienne, c'était vraiment Maman Plouffe. Je dois dire que c'est elle qui orientait mon émission.»

Quand elle jouait **La Famille Plouffe** en anglais, Amanda Alarie, qui avait vécu essentiellement en milieu francophone, ne comprenait pas un traître mot de ce qu'elle disait! Pendant toutes les répétitions, un peu tendue, les yeux baissés avec l'air de réciter son chapelet, elle mémorisait son texte anglais. À l'émission, ça passait comme du beurre dans la poêle, on l'aurait crue imbibée par ses propres paroles! Toute de suite après le thème musical de la fin, elle filait à l'anglaise...

Bien sûr, Amanda Alarie ne connut pas que des jours roses. La mort de son mari et de son fils Bernard lui avaient porté un coup rude. Mais son succès, celui de ses filles Marie-Thérèse et Pierrette Alarie-Simoneau, de son fils Roland, frère des Écoles chrétiennes et longtemps directeur du Mont-Saint-Louis, la consolaient de ses épreuves.

Son sourire tendre et sa générosité un peu bourrue ont marqué plusieurs générations de Québécois. Depuis le départ de Maman Plouffe et d'Amanda Alarie, la petite maison recouverte de papier brique, le long du fleuve, a pris un coup de vieux...

Hubert Aquin

«J'AI VÉCU INTENSÉMENT»

Écrivain dont on n'a pas fini d'approfondir la pensée, spécialiste de la communication, cinéaste; du fait qu'il était un homme libre, Hubert Aquin se laisse difficilement cataloguer.

Il est né à Montréal le 24 octobre 1929, et a été élevé en bordure du parc Lafontaine. Une fois terminées ses études universitaires à Montréal (licence en philosophie), grâce à des bourses du gouvernement québécois, le jeune homme va étudier à l'Institut d'études politiques de Paris. C'est au cours de ses trois années parisiennes qu'il va faire une première incursion dans le milieu journalistique. Pour arrondir ses fins de mois, il interviewe des écrivains pour le compte de la revue hebdomadaire *Autorité*. Il se prépare ainsi à la carrière de journaliste qu'il envisage pour son retour au Québec.

Mais les circonstances le font s'orienter autrement puisque, durant cinq ans, il va travailler à Radio-Canada, ensuite pendant trois ans à l'Office national du film, avant de passer à l'Office du film de Québec. À ces trois endroits, il occupe des postes les plus diversifiés: réalisateur, scripteur, animateur d'émissions télévisées, traducteur, superviseur des émissions d'affaires publiques à la télévision, producteur de films et scénariste...

Cet homme à succès ne semble pas avoir de limites dans ses projets. Passionné de la vitesse, il se lance un jour dans les affaires, devenant le président-fondateur d'une compagnie d'organisation de courses automobiles, puis courtier en valeurs mobilières.

À compter de 1961, Hubert Aquin milite dans le RIN; à travers ses discours, ses conférences, ses articles, il se déclare ouvertement pour le séparatisme. Il propose que le mouvement devienne un parti politique, ce qui ne se fera que beaucoup plus tard. Son engagement le conduit à la vice-présidence de la région de Montréal, puis à la direction nationale du RIN en 1967.

À l'été 1964, Hubert Aquin est arrêté pour vol d'auto et port d'arme; il est emprisonné après avoir subi les longs interrogatoires de la brigade antiterroriste de Montréal. Comme le ministre de la Justice s'oppose à tout cautionnement, ses avocats font en sorte qu'il soit envoyé à l'institut Prévost, une clinique psychiatrique dont il sera libéré en octobre. Le procès qui suit va durer un an. Finalement, Hubert Aquin est acquitté des accusations qui pesaient sur lui.

Mais entre-temps, durant son internement de trois mois, Hubert Aquin écrit **Prochain épisode,** un roman tragique à l'instar de la situation vécue par le Québécois qui livrait une lutte désespérée contre la désintégration de sa race. À la parution de **Prochain épisode,** l'auteur avait déclaré de façon prophétique: «La situation peut m'amener au suicide, je le pressens. Mais ce qui compte, c'est de mourir en beauté.»

Au dire des critiques, «Hubert Aquin a construit en moins de quinze ans l'œuvre romanesque la plus singulière et peut-être la plus importante qui ait été entreprise au Québec depuis toujours». En 1965, le Cercle du livre de France publie ce roman, en 1968 **Trou de mémoire,** en 1969 **L'Antiphonaire,** en 1971 **Point de fuite**; son dernier roman, **Neige noire,** est publié par les éditions La Presse en 1975. Pour son œuvre littéraire, l'auteur a reçu de nombreuses récompenses publiques, dont le Prix du gouverneur général, qu'il a refusé par respect pour son engagement politique. En 1973, on lui décernait le prix David pour l'ensemble de ses œuvres écrites et pour son apport au cinéma et à la télévision.

Il a également fait une brillante carrière d'enseignant; on le retrouve comme directeur du département de littérature à l'Université du Québec, professeur invité à la State University of New York de Buffalo ainsi que directeur du département de littérature et d'esthétique de cette université américaine; aussi, il enseigne au département des lettres françaises de l'Université Carleton à Ottawa. Ses livres ont été et sont encore à l'étude dans les universités américaines, canadiennes-anglaises et québécoises.

Quelque temps après avoir donné de façon fracassante sa démission du poste de directeur littéraire des éditions La Presse, Hubert Aquin s'enlevait la vie dans les jardins du collège Villa-Maria, à Notre-Dame-de-Grâces. Quelques heures avant son suicide, il avait dicté à son épouse le message suivant:

«Aujourd'hui, le 15 mars 1977, je n'ai plus aucune réserve en moi. Je me sens détruit. Je n'arrive pas à me reconstruire et je ne veux pas me reconstruire. C'est un choix. Je me sens paisible, mon acte est positif, c'est l'acte d'un vivant. N'oublie pas en plus que j'ai toujours su que c'est moi qui choisirai le moment, ma vie a atteint son terme. J'ai vécu intensément, c'en est fini.»

Hubert Aquin n'est plus là pour expliquer sa pensée, sa philosophie, son amour du Québec, sa passion de la littérature et de la langue. Pour le retrouver dans son intégrité, il faut relire son œuvre, qui contient certainement les clés capables d'ouvrir les portes d'un avenir collectif enrichi.

Gérard Arthur

TRAVAILLEUR INFATIGABLE

Gérard Arthur est entré au service de Radio-Canada dès sa fondation, le 2 novembre 1936.

À la fin de ses études à l'Université Laval, monsieur Arthur entre en qualité d'annonceur à la Commission canadienne de radiodiffusion au poste CRCK de Québec. En 1937, il est nommé à Montréal, où il va devenir annonceur en chef puis directeur adjoint des programmes de Radio-Canada pour la région du Québec.

Gérard Arthur a été le premier correspondant de guerre de langue française délégué outre-mer par Radio-Canada. Au début de 1940, il s'embarque pour la France et, à son arrivée, il est stationné à Paris. Le déroulement des événements l'oblige à partir pour l'Angleterre. À la BBC de Londres, il devient le responsable de toutes les émissions transmises en langue française en direction du Canada. Pour les auditeurs de France, il organise une série d'émissions spéciales, série qui sera inaugurée par le général de Gaulle, ce grand homme que Gérard Arthur admirait pour son travail et pour son dynamisme. Pendant toute la durée du conflit, Gérard Arthur a eu la responsabilité de diffuser huit bulletins de nouvelles qui devaient traverser la Manche sur différentes longueurs d'ondes afin d'atteindre le plus grand nombre possible de Français vivant alors sous l'occupation allemande.

À travailler avec l'unité mobile de la BBC, Gérard Arthur avait été témoin de la misère des Londoniens, qui subissaient presque quotidiennement des bombardements. À la fin du conflit, dès son retour au Canada, Gérard Arthur avouait sa difficulté à se réadapter à la tranquillité de Montréal. Cependant, très vite, il allait lui falloir relever de nouveaux défis puisqu'en 1945 il était nommé directeur de la production au Service international de Radio-Canada.

Ses responsabilités à la tête de ce service ne l'empêchaient toutefois pas de reprendre le micro pour couvrir certains événements spéciaux. Ayant déjà en 1939 préparé et organisé la retransmission de la visite au Canada du roi George VI, il lui semblait naturel en 1951 d'organiser toute la série de reportages sur le voyage de la princesse Élisabeth et du duc d'Édimbourg. En 1952, invité par la BBC pour commenter les funérailles du roi Georges VI, il allait par la suite commenter le couronnement de la nouvelle reine, directement de l'intérieur de l'abbaye de Westminster. Ses reportages avaient alors été diffusés dans tous les pays de langue française au monde par le truchement de Radio-Canada, de la BBC et de la RTF.

Sa série **Stories in French** ainsi que son émission hebdomadaire **Time for French** ont fait connaître aux auditeurs de langue anglaise une autre facette de la personnalité de Gérard Arthur. Pour la série éducative **Time for French,** il écrivait des sketches amusants qu'il jouait ensuite en français avec sa protagoniste, qui lui répondait en anglais; cette compagne au micro était en réalité Sheila, sa femme dans la vie de tous les jours.

À la demande de l'American Broadcasting Company, Gérard Arthur entreprit un travail considérable en préparant la version française des mémoires de guerre de sir Winston Churchill, **The Valiant Years,** série qui fut présentée à CBMT. La lecture par son traducteur de la série nommée **Les Années héroïques** fut diffusée sur les ondes de toutes les radios de langue française.

Ce grand communicateur de la radio s'est fait des amis dans tous les milieux où l'a conduit son travail, aussi bien au Canada qu'à l'étranger. Ses qualités de travailleur audacieux et infatigable ont certainement servi d'exemple à plusieurs jeunes annonceurs qui, par la suite, on fait leur marque à la radio et à la télévision.

René Arthur

MATCH INTERCITÉS
AVEC RENÉ ARTHUR

René Arthur s'est fait connaître du grand public au moment où il a commencé à animer de façon fort vivante **Match intercités.** Cette populaire émission est demeurée inscrite à l'horaire de CBF pendant plusieurs saisons.

Les deux premières années de son existence, René Arthur les passe à La Valbarelle, tout près de Marseille. Puis ses parents quittent la France pour venir s'installer à Montréal au mois d'août 1910. En 1921, la famille élit domicile à Québec, où René poursuit ses études à l'école normale Laval et ensuite à l'Académie commerciale. Puis il entreprend une brillante carrière qui comporte maintes facettes. Simultanément, et toujours avec succès, il s'implique dans le monde des arts, dans celui de l'enseignement, dans le fonctionnarisme. Dans ses temps de loisir, il s'adonne également à l'écriture dramatique.

Comme comédien, il débute à la scène et à la radio en 1928. Au cours de cette même année, il devient secrétaire du sous-ministre de la Colonisation, de la Chasse et des Pêcheries.

Un peu plus tard, on le retrouve enseignant la diction et la pratique oratoire, sans pour autant délaisser le théâtre, pour lequel il écrit plusieurs pièces qui sont inscrites au répertoire des troupes de tournée.

En 1960, René Arthur devient chef associé du cabinet du premier ministre, l'Honorable Jean Lesage. Il conservera ce poste jusqu'au moment de prendre sa retraite.

Pendant encore plusieurs années, René Arthur continuera à écrire les textes pour plusieurs émissions de radio et de télévision, tout en les animant avec énormément de savoir-faire.

Jacques Auger

LA VOIX D'OR DE
JACQUES AUGER

Dans les premiers temps de la télévision, Jacques Auger a défendu avec brio de grands et beaux personnages, à cette merveilleuse époque où, chaque semaine, le théâtre entrait dans tous les foyers. Ceux qui ont eu la chance de regarder **Madame Sans-Gêne** n'ont certes pas oublié la façon magistrale dont Jacques Auger a campé son Napoléon.

Dès l'âge de neuf ans, Jacques Auger se retrouve sur une scène avec les comédiens du Cercle Saint-Jean. Au cours de ses études classiques, il découvre les grands auteurs dramatiques, qui le font rêver. Il fonde sa propre troupe de théâtre, qui remporte de beaux succès à Hull ainsi que dans la capitale fédérale.

Invité à venir jouer au Monument national, Jacques Auger est découvert par le public montréalais. Son talent retient l'attention de plusieurs personnalités, si bien qu'en 1930 il obtient sans difficulté une bourse qui va lui permettre d'aller se perfectionner à Paris.

Cette même année, il épouse Laurette Larocque (Jean Desprez). Leur fille, Jacqueline, embrassera plus tard la carrière de comédienne sous le nom de Jacqueline Laurent.

Tout en s'engageant dans sa carrière d'acteur, Jacques Auger poursuit des études intensives à Paris. Il suit des cours à la Sorbonne et, avec des professeurs privés, il travaille le répertoire moderne et le répertoire classique.

Devenu pensionnaire du théâtre de l'Odéon, il participe à plusieurs tournées officielles en France et en Alsace. Avec la troupe, dirigée par Victor Francen, il donne des spectacles en Belgique. Au cinéma, il joue auprès de Pierre Fresnay dans **Le Corbeau.**

Rempli d'espoir et d'énergie, il revient à Montréal en 1935. Il sera cependant déçu en constatant le déclin que connaît alors le théâtre, qui, à son départ pour la France, était pourtant à son apogée.

Afin de faire valoir ses idées, de mettre en pratique les enseignements recueillis en Europe auprès des grands professionnels, il se tourne du côté de la radio, où tous les espoirs semblent permis.

À Radio-Canada, il innove en présentant une série d'émissions consacrées au théâtre classique; en 1940, cette série culturelle prend le nom de **Radio-Collège** et s'avère être une véritable école pour les auditeurs avides de savoir. Puis Jacques Auger se tourne vers un domaine qui l'a toujours passionné en devenant l'initiateur de la série radiophonique **Maîtres de la musique.**

Après avoir incarné au cinéma le héros de **La Forteresse,** il revient à la radio pour y défendre de fort beaux rôles dans maintes pièces de théâtre. Avec art et sensibilité, il donne la lecture de **Suite marine,** du poète Robert Choquette.

Grâce à ce comédien doté d'une voix merveilleuse, qu'il a su mettre au service d'une langue recherchée, bien des auditeurs ont pu s'initier au théâtre classique et, par le fait même, se sont éveillés à une culture pouvant les aider à franchir les frontières.

Gaétan Barrette

LE CHAMPION DES NOUVELLES!

La voix s'élève, empruntant le ton officiel. Jusqu'au bout de la salle du théâtre Saint-Denis, on entend l'ultime hommage: «Au meilleur lecteur de nouvelles, un trophée a été décerné qui revient à monsieur Gaétan Barrette pour l'excellence de son travail.» C'était en 1966, au Gala des artistes. Timide, le narrateur, annonceur et lecteur de nouvelles au service de Radio-Canada depuis 1951 accepte l'honneur en rougissant... Il a peur de paraître un imposteur! «Je crois n'avoir fait, au fond, que mon devoir depuis 14 ans.»

Étrangement, il n'avait pas «choisi» ce métier. D'abord attiré par la philosophie et la psychiatrie, il s'était décroché un emploi d'été comme annonceur à Radio-Canada.

Ce fut fatal!

Gaétan Barrette se laissa tenter par le confort et la douceur d'une appartenance à un milieu de travail agréable. Qui l'en blâmera? Ceux qui n'ont jamais eu la chance d'une telle proposition?

Négligeant philo, psycho et même la politique, qui le hantera en silence tout au long de sa vie, il optera pour l'engagement fidèle avec la maison d'État. «De toute façon, je manquerais de courage pour une aventure politique... Disons que je renonce au risque, au profit de l'embourgeoisement, si vous voulez...»

Il atteint toutefois un but visé en se faisant l'ardent défenseur de la langue française. Lutte quotidienne en douce, à la radio, à la télévision, où son exemple donnera le goût à un nombre invérifiable de jeunes Québécois et Québécoises de bien parler leur langue. Gaétan Barrette fait miroiter par le rythme d'élocution, la richesse de la voix, la précision du vocabulaire toute la beauté et la saveur de la langue française. Il fournit une part active au progrès culturel dans ce domaine par le biais de ses impeccables lectures de nouvelles...

Grand voyageur devant l'éternel, il fait le tour du monde, chaque soir, en information... Malheureusement, la teneur des nouvelles n'a jamais permis à l'auditoire de faire connaissance avec ce sourire tendre, ces yeux rieurs et ce sens de l'humour raffiné d'un homme profondément humaniste.

Fred Barry

LE DOYEN

Avec l'humour qu'on lui attribue dans les annales du temps et avec son merveilleux talent pour la comédie, Fred Barry s'amuserait probablement aujourd'hui en se voyant coiffé des titres un peu poussiéreux de «doyen du théâtre canadien» et «vétéran de la radio»!

C'est vrai, Fred Barry est né dans l'autre siècle. En 1939, on fêtait déjà ses 25 ans de théâtre professionnel, sorte de suite logique à ses 18 ans de théâtre amateur!

Inutile de préciser que Fred Barry n'a pas suivi de cours d'art dramatique... ça n'existait tout simplement pas au Québec en 1900. Seuls le talent et le feu sacré qui l'animaient l'ont conduit sur les planches et au sommet de la popularité.

Jean Béraud, célèbre critique de théâtre à *La Presse*, écrivait dans les années 40: «Je suis sûr que Fred Barry, s'il avait voulu autour de ses 25 ans d'âge, aurait pu faire en France une carrière brillante. Le théâtre français eut bien peu de comiques qui pouvaient lui être comparés; je ne mettrais à part, en y pensant rapidement, que Raimu, Fernandel et Dranem.» Quel éloge de la part d'un critique aussi rigoureux!

Il faut constater que Fred Barry ne reçut que des éloges outre-frontières. Chaque fois, on parle d'un grand acteur. Il avait effectué une tournée en France avec la troupe d'Henry Deyglun pour présenter **Terre canadienne**. Avec Madeleine Renaud, il tourne le fameux film **Maria Chapdelaine** sous la direction de Julien Duvivier.

Chez nous, la troupe Barry-Duquesne, qu'il fonde avec Albert Duquesne, va prendre l'affiche dans plusieurs salles de Montréal et de la province pendant... 42 ans!

À la radio d'État, les aînés se souviennent encore de Georges Beauchamp de **Rue Principale**, du docteur Cyprien dans **Un homme et son péché** et de tant d'autres personnages campés avec force. Dans la peau du Père Désilets, Fred Barry va jouer **Ti-Coq** de Gratien Gélinas sur la scène et au cinéma.

Cinquante ans plus tard, son nom se retrouve encore sur toutes les lèvres, dans le milieu du théâtre. Effectivement, même si cela devait le faire sourire aujourd'hui, Fred Barry est l'un de nos plus grands noms dans l'histoire du théâtre au Canada...

Marcelle Barthe

PREMIÈRE FEMME ANNONCEUR AU CANADA

En 1939, l'équipe d'annonceurs qui accompagnait le roi et la reine d'Angleterre dans leur voyage à travers le pays ne comptait qu'une seule femme, Marcelle Barthe, qui fut la première femme annonceur au Canada. Par la suite, dans le cadre de reportages spéciaux, Marcelle Barthe a fait plusieurs voyages en Europe. Grâce à sa facilité à s'exprimer en anglais, en italien et en espagnol, elle a pu, sans l'aide d'interprètes, interviewer un grand nombre de personnalités internationales, ce qui conférait un style très personnel à ces rencontres.

Au sortir de l'université, Marcelle Barthe avait fait du théâtre à Ottawa, sa ville natale. Après des études de musique et d'élocution, elle fonda le Théâtre du salon. Elle devait y remporter de vifs succès en interprétant des sketches dont elle était l'auteure.

Lors de sa venue à Montréal, à un journaliste qui lui demandait quelles étaient ses ambitions, la jeune femme répondit: «C'est d'avoir un jour mon propre programme.» Au moment où l'on entendit sur les ondes de Radio-Canada le titre de ce nouveau programme, **Lettre à une Canadienne,** Marcelle Barthe venait de franchir la distance séparant le rêve de la réalité. Grâce au dynamisme et à la philosophie du bonheur de son animatrice, cette émission quotidienne retransmise sur tout le réseau français allait connaître un grand succès, et cela pendant de nombreuses années.

Marcelle Barthe choisissait ses invités dans les milieux les plus divers: politique, théâtre, musique, peinture, histoire, haute couture. Parmi les personnalités internationales entendues à **Lettre à une Canadienne,** qu'il suffise de mentionner mesdames Chiang Kai Chek, Franklin D. Roosevelt et la femme de l'académicien Georges Duhamel.

Fréquentant les milieux littéraires, artistiques et mondains, Marcelle Barthe y rencontrait presque tous les étrangers de talent. Elle n'en oubliait pas pour autant les Canadiens qui se distinguaient par leur travail et par leurs réussites.

À la suite de l'entrevue du jour venait la lettre proprement dite qui portait sur un sujet d'intérêt humain et qui donnait également quelques conseils pratiques. Marcelle Barthe terminait chacune des émissions en invitant ses auditrices et ses auditeurs à sourire, tout en leur proposant sa recette: «Penser aux autres.» Elle était convaincue des effets bénéfiques de l'oubli de soi, qui est le commencement de la sagesse et du bonheur.

Édouard «Eddy» Baudry

«RUE PRINCIPALE»

Son nom fait certainement surgir des sons et des images dans l'esprit de bien des gens, tout particulièrement dans celui des auditeurs de **Rue Principale.** Auteur et réalisateur de cette série radiophonique, Eddy Baudry savait faire sourire et rire tout en traçant un tableau percutant des mœurs des gens du Québec, auxquels il s'était vite identifié à son arrivée de son pays natal, la Belgique.

L'aîné des programmes de ce genre va connaître une popularité sans cesse grandissante auprès du public, qui aura ainsi l'occasion de se familiariser avec une pléiade d'acteurs à leurs débuts, dont les noms de plusieurs brillent encore aujourd'hui au firmament des vedettes.

Sa formation de journaliste avait permis à Édouard Baudry de faire de la critique de théâtre et de s'intégrer au monde du spectacle, auquel il portait un vif intérêt, si bien qu'au début des années 30 on le retrouvait aux côtés du chef d'orchestre Maurice Meerte organisant des soirées d'amateurs à Montréal et présentant des revues musicales dans plusieurs villes du Québec.

Durant ce temps, il ne cessait d'écrire pour la radio, allant toujours de l'avant afin de mettre en lumière les artistes dont la popularité commençait à grandir grâce à la magie des ondes. Il devint le producteur des premiers galas au grand plaisir des participants ainsi que des spectateurs, qui avaient ainsi l'occasion de faire la connaissance de celles et de ceux dont la voix les avait tout d'abord charmés et parfois même envoûtés.

Afin de les aider à mieux défendre leurs droits, cet ami sincère des artisans de la radio et de la scène accepta la présidence de la fédération regroupant les membres de la jeune colonie artistique.

En 1940, ce pionnier de la radio publiait le premier tome de **Rue Principale,** livre regorgeant d'anecdotes et d'histoires savoureuses.

Et survint l'année 1942 alors que, ne pouvant rester indifférent au malheur de tous ceux qui étaient touchés par la guerre mondiale, Édouard Baudry décida de s'engager pour traverser outre-mer afin d'être en mesure de bien renseigner ses concitoyens sur les événements qui se déroulaient sur le site des combats. À titre de correspondant de guerre, il transmettait ses reportages sur les ondes de Radio-Canada.

C'est en janvier 1943 qu'Édouard Baudry était fauché par une balle de mitrailleuse lors de l'attaque de l'avion transportant les journalistes à la conférence de Casablanca.

Cet humoriste a laissé un merveilleux souvenir à tous ceux qui ont eu l'occasion de travailler à ses côtés ainsi qu'aux nombreux amis qu'il s'était faits dans tous les milieux de la société canadienne-française.

Jean Beaudet

MUSICIEN ET ADMINISTRATEUR

Dans les années 40, Jean Beaudet était à la direction du réseau français de Radio-Canada, où il occupait également le poste de directeur musical. Ce musicien était bien placé pour comprendre l'influence prépondérante que la radio pouvait avoir sur le développement musical au pays. Jean Beaudet a travaillé à l'éveil du public en lui faisant connaître les grands maîtres, les œuvres classiques ainsi que les grands interprètes.

Pour atteindre ce but, il avait vu à ce que les responsables de la programmation inscrivent à l'horaire divers genres de causeries données par des musicographes ainsi que par des musiciens réputés. De son côté, dans toutes les conférences qu'il était appelé à donner aussi bien au Canada qu'à l'étranger, monsieur Beaudet insistait sur les bienfaits de la radio comme moyen de culture: par la présentation d'artistes de renom, canadiens ou étrangers, par la diffusion de concerts, de pièces de théâtre, de causeries éducatives, enfin par tout ce qui pouvait amener les auditeurs à poursuivre ensuite des recherches personnelles dans tel ou tel domaine.

Au cours de son mandat, le directeur musical de Radio-Canada avait vu à ce que la jeunesse reçoive une attention toute particulière; par exemple, à l'émission **Radio-Collège,** il se donnait un cours d'initiation musicale ainsi qu'un cours d'histoire de la musique. De plus, dans le cadre de diverses émissions, plusieurs jeunes musiciens et chanteurs avaient l'occasion de se faire connaître d'un vaste auditoire.

Il arrivait à Jean Beaudet de quitter pour un temps ses fonctions administratives afin de se retrouver à la direction d'un orchestre symphonique. Et c'est ainsi qu'au printemps 1946 monsieur Beaudet se rend en Tchécoslovaquie pour y diriger un orchestre au célèbre Festival de musique de Prague. À la suite de son succès, souligné par plusieurs critiques, Jean Beaudet se rend à Londres pour y diriger l'Orchestre symphonique de la BBC.

Le directeur du réseau français de Radio-Canada avait profité de son séjour en Europe pour faire enquête dans différents pays sur le rayonnement des émissions du Service international à ondes courtes transmises d'ici.

Après avoir bien servi les auditeurs pendant plusieurs années, Jean Beaudet résignait son poste pour pouvoir se consacrer uniquement à sa carrière de musicien.

Maurice Beaupré

TANNEUR-CORROYEUR

Avant de quitter la grande scène de la vie, à 70 ans, Maurice Beaupré avait joué avec bonheur ce rôle qu'on aurait dit fait sur mesure pour cet homme qui avait connu bien des métiers avant de pouvoir gagner sa vie comme comédien. Dans la série télévisée **À cause de mon oncle,** il personnifiait Procule, un vieil inventeur à l'esprit très jeune, «ratoureux», parfois marabout, mais combien sympathique.

Nous voici de retour en 1907 dans la paroisse Saint-Jean-Baptiste à Québec, où Maurice Beaupré a vu le jour. Après avoir étudié le métier de tanneur-corroyeur, le jeune homme travaille dans le domaine de la chaussure jusqu'à l'âge de 30 ans. En cette époque de crise économique, espérant donner un peu plus de confort et de bien-être à sa famille, il se transforme en vendeur d'ustensiles de cuisine, domaine où, grâce à sa bonne humeur et à sa facilité d'expression, il réussit fort bien.

Depuis l'âge de 15 ans, il a commencé à jouer au théâtre et aussi à faire rigoler la compagnie dans les soirées et les noces, où il est invité à titre de chanteur.

Un peu plus tard, à l'ouverture de la station radiophonique CHRC, il fera partie du groupe Les Montagnards laurentiens et participera pendant dix ans aux **Soirées du bon vieux temps.**

Puis, un beau jour, il fonde Les Rigolos, une troupe amateur qui se produit dans les salles paroissiales, aux expositions agricoles, faisant la tournée à cent milles à la ronde pour, le lendemain matin, retourner au travail.

33

Bien que la famille Beaupré s'agrandisse chaque année, madame Beaupré continue à jouer au théâtre à côté de son mari, surtout au moment où il fonde la troupe professionnelle qu'il va animer pendant une vingtaine d'années. Jouant de 25 à 28 fois par mois, les Artistes du terroir ont donné plus de 2 500 représentations. Pendant ce temps, Maurice Beaupré dirige également une troupe de variétés avec des artistes de vaudeville.

Au moment de la naissance de la télévision, Maurice Beaupré est prêt à faire le grand saut. Après avoir joué le rôle d'Alphonse Tremblay dans **Les Plouffe,** il décide de venir s'installer à Montréal. Et c'est alors qu'on va le retrouver prêtant ses traits au quêteux dans **Le Chenal du moine** et par la suite interprétant les rôles les plus divers aussi bien au cinéma qu'au théâtre et à la télévision.

Maurice Beaupré a eu neuf enfants et treize petits-enfants, qu'il a choyés de tout cœur, travaillant sans relâche pour leur faciliter le quotidien tout en songeant à leur avenir. Pour parvenir à ses fins, il a pratiqué un métier qu'il aimait profondément car il lui a permis de donner vie à de nombreux personnages pittoresques.

Réal Béland

DES USINES ANGUS À LA SCÈNE

C'est en jouant de l'harmonica, le soir après son travail aux usines Angus, que Réal Béland se préparait à entrer dans le monde du spectacle. L'occasion lui en est donnée à 17 ans alors que Juliette Pétrie l'engage comme musicien pour ses spectacles de burlesque donnés au théâtre Crystal. Et c'est alors qu'il se lance «dans la carrière», sans trop savoir de quoi sera fait demain.

Cependant, tout s'enchaîne très bien pour le jeune homme qui se sent accepté du groupe d'artistes chevronnés qui l'entourent pour l'aider à faire ses classes. Très vite il peut constater qu'on ne se croise pas les doigts dans ce métier puisqu'il faut donner trois spectacles par jour, et cinq chaque dimanche.

L'année suivante, fort de sa jeune expérience, Réal Béland se retrouve devant les spectateurs du Starland à titre de comédien jouant en anglais et en français, et aussi comme maître de cérémonie. Il rend si bien ce dernier rôle que les spectateurs le qualifient de «Personality Kid». Au rythme où il travaille, il réussit à gagner de 20 à 25 dollars par semaine, mais, comme les saisons ne comptent que 45 semaines, afin de joindre les deux bouts et pour pouvoir songer à élever une famille avec la femme qu'il vient d'épouser, Réal fait de la livraison en camionnette, il travaille au Canadien Pacifique et, finalement, il effectue un retour aux usines Angus, où l'on fabrique des machines de guerre.

Et c'est ainsi que les années se bousculent pour entrer dans le passé en l'enrichissant de mille et une expériences: Réal Béland se joint à un groupe de chanteurs populaires, celui d'Omer Dumas, qui fait la tournée des centres français du Canada au cours de la saison estivale; un peu plus tard, il fonde sa propre troupe de chanteursmusiciens, qui vont se produire dans les cabarets un peu partout à travers le Québec. C'est à cette époque que Réal Béland commence à s'effacer pour faire place à Ti-Gus, un personnage qui va bientôt devenir presque légendaire.

Un soir de relâche, à Val-d'Or, au cours d'une tournée, Réal et ses copains décident d'aller voir et entendre l'autre troupe qui se produit dans un cabaret de la ville. C'est alors que Réal se laisse charmer par les talents si diversifiés de Denise Emond, qui fait de la scène depuis quelques mois. Et c'est à ce moment que naît l'idée d'une association possible entre les deux fantaisistes, idée qui se concrétisera quelques mois plus tard alors que sera formé le tandem Ti-Gus et Ti-Mousse, qui pendant 30 ans va faire rire les publics les plus divers.

Pendant toutes ces années où son action se déroule dans les cabarets en compagnie de sa compagne de scène, Réal Béland réussit à mener à bien une carrière solo de comédien. On le retrouve aussi bien à la télévision qu'au cinéma. On n'a certainement pas oublié Gustave, le concierge dans la comédie de situation de Gilles Richer, **Moi et l'autre.** Et comment ne pas avoir une pensée émue en se remémorant l'aubergiste grec qu'il a campé dans la fantaisie poétique de Raymond Lévesque **Quand les hommes vivront d'amour.** Les réalisateurs de cinéma ont fait appel à Réal Béland pour plus d'un long métrage où le rire ne le cède en rien à la fantaisie.

En plus de tous les talents qu'on lui reconnaît, Réal Béland avait également celui de pouvoir mettre par écrit les anecdotes conçues avec humour. Il n'est donc pas étonnant d'apprendre qu'au cours d'une seule année, alors qu'il coanimait une émission quotidienne de télévision, il a pondu plus de 2 000 histoires et pas moins de 125 sketches.

Passant facilement d'un style à l'autre, Réal Béland a toujours su conserver son bel enthousiasme et son sens inné de l'humour. On peut cependant se demander si, au cours de toutes ces pérégrinations, cet amuseur public a vraiment pris le temps de vivre. Bien sûr, à quelques occasions l'amour a traversé sa vie; il est devenu père de famille, mais, à courir ainsi sans cesse d'un public à l'autre, ne s'est-il pas parfois senti las et tenté de trouver la paix dans un coin bien tranquille? Jamais il n'a répondu directement à cette question, mais il ne se lassait pas de dire son besoin de sentir les spectateurs lui répondre par des rires. Peu de temps avant de nous quitter, il avait déclaré: «Je suis heureux car j'ai retiré une satisfaction incroyable en faisant mon métier. J'ai toujours su que je pouvais compter sur le public et ceci a été très important pour moi. J'ai besoin de ces contacts chaleureux, de ces rencontres vivantes avec des gens qui n'hésitent pas à me faire leurs commentaires, à me dire comment ils apprécient le fait de pouvoir oublier leurs tracas lorsqu'on les fait rire.»

Ce genre de témoignage, Réal Béland l'a reçu à maintes reprises et cela a sans doute été pour lui le plus merveilleux trophée reçu au cours de sa carrière.

Juliette Béliveau

JULIETTE BÉLIVEAU... UNE LÉGENDE

Si petite et si grande... comme le dit la légende. Elle s'amusait à répéter qu'elle mesurait «une verge et demie»! Et c'était à peu près vrai. Ce trait physique aura marqué toute l'orientation de sa carrière. Enfant vedette au début du siècle, on l'avait surnommée «la petite Sarah». Elle interprétait alors les classiques auprès des grands noms de la scène française en tournée au Québec. Son plus impérieux désir du temps: devenir une grande tragédienne. Mais à l'adolescence, quand elle doit s'avouer cruellement qu'elle ne grandira plus, Juliette Béliveau commence à jouer dans les revues destinées à faire rire l'auditoire. Ce virage prend des allures à la fois dramatiques et heureuses puisqu'elle connaît alors un succès tel qu'elle doit pendant plusieurs années jouer simultanément chaque soir dans trois théâtres de Montréal, devenant du coup l'enfant chérie des chauffeurs de taxi!

Pendant plus de 60 ans, Juliette Béliveau verra les salles craquer de rire à ses moindres gestes, à chacune de ses répliques. Et ça, dans le rôle de la tante Clara de **Ti-Coq** aussi bien que dans le personnage de Mère Jeanne du **Dialogue des carmélites**.

Elle est de tous les radiofeuilletons.

À la télévision de Radio-Canada, réjouissante en Lumina de **La Pension Velder**, tordante en Caroline Malterre des **Belles Histoires des pays d'En-Haut**, elle réussit à faire une grande virée des téléromans jusque dans **Le Pain du jour** et **Filles d'Ève**.

Menue, fragile mais vive comme l'éclair, l'œil moqueur et pétant le feu, toujours coiffée de son drôle de chignon, celle que tout le monde appelle Juliette tout court endosse tous les costumes, du tablier de servante au boa de grande cocotte. Une carrière fabuleuse. Inégalée.

À cette familiarité que déploient les gens de la rue quand ils la croisent, par hasard, dans un restaurant ou chez le marchand de chocolats, Juliette Béliveau répond avec le sourire. Sans trop d'impatience. Sans trop d'orgueil.

«C'est à cause de ma taille, dit-elle. Je suis à la portée de tout le monde!»

Infiniment discrète concernant les épisodes de sa vie familiale, madame Albert Larue n'a jamais laissé ses trois enfants rôder dans les coulisses ou hanter sa loge. Plutôt rangée, la comédienne forme presque toujours bande à part après les spectacles, renonçant volontiers aux bruyants festins nocturnes au profit de retrouvailles avec son mari et ses marmots. Suzanne, Paul et Claudine (nommée en l'honneur de Colette, son écrivaine chérie) n'ont pas suivi les traces de Juliette Béliveau sur la voie publique. À trois, ils ont préféré rendre l'artiste treize fois grand-maman.

La plupart d'entre nous se rappellent surtout Juliette Béliveau au moment où elle avait franchi le demi-siècle, déjà veuve, encore perchée dans son logement de la rue Saint-Hubert, qu'il fallait «se mériter» au prix d'une interminable escalade tenant lieu d'exercice.

Avec humour et tendresse, madame Béliveau laissait Zaza, son inséparable caniche miniature, enquêter sur la bonne foi des visiteurs. Comment avait-elle réussi à constituer, chez elle, ce véritable musée du costume? On n'en sait trop rien. Boas, étoles et jaquettes de fourrure, robes de mousseline, robes de brocart, perruques, souliers anciens, bottines, chapeaux de paille, de velours, bonnets de dentelle, fume-cigarette d'ambre, etc. Il y avait dans ce grenier des merveilles un arsenal pour jouer tous les personnages imaginables en toutes circonstances. Jusqu'à des costumes ayant appartenu à Lady Chapleau, ex-première dame de la province de Québec.

Juliette Béliveau s'était également monté un «coin de Montmartre»! Piano, bibliothèque, bar ceinturé des photos de grandes personnalités de l'époque: Utrillo, Modigliani, Mistinguett, Sacha Guitry, Colette et plus près Maurice Chevalier, Juliette Gréco... L'antre du rêve! Juliette Béliveau rêvait depuis ses débuts d'un voyage à Paris. Surtout depuis que Sarah Bernhardt, qui lui avait été présentée à Montréal par Louis Fréchette, l'eût invitée à venir la visiter. Pendant plus de 50 ans, Juliette rêve délicieusement de Paris pour finalement fêter ses 63 ans de théâtre... à Montmartre! Excitation, émotions de toutes sortes et quelques surprises, Montmartre ayant abandonné quelques plumes. Qu'importe! Aussitôt de retour, Juliette Béliveau rêve de repartir pour y fêter ses 64 ans de théâtre! «Je suis restée sur mon appétit. Je ne crois pas qu'il soit défendu de refaire ce rêve.»

Paris et Montmartre resteront toujours pour Juliette Béliveau la grande source d'inspiration. Jusque dans la maladie même. Il suffisait de prononcer le nom de Colette, de Paris, pour que ses yeux s'illuminent et pétillent comme un feu d'artifice. Juliette Béliveau n'a jamais caché son admiration pour les acteurs français...

«J'ai souvent adapté mon rôle à ma personne — toujours à cause de ma taille — mais j'ai suivi le jeu des grands acteurs de tous les temps. Surtout les acteurs français. Ils ont été ma source d'inspiration.»

À 80 ans, celle qui a vécu tant de moments fascinants, riches en émotions, se résigne mal à vivre à demi immobilisée, sans l'usage de la parole. Merveilleusement lucide et toujours coquette, fume-cigarette en main, sourire coquin, ses plus grandes joies viennent de ses enfants qui tour à tour, chaque semaine, la visitent à l'institut Sainte-Germaine-Cousin de la Pointe-aux-Trembles. Pour la mettre en fête, ils lui lisent les nouvelles des journaux de spectacles, lui offrent des chocolats importés et des fromages fins... Parfois c'est la grande sortie dans les restaurants. Mais chaque fois, le scénario se répète: une foule entoure Juliette, qui n'a même plus le loisir de déguster son repas. Tant pis pour la bouffe! Entourée d'admirateurs, Juliette Béliveau est la femme la plus heureuse du monde.

Extraordinaire madame Béliveau. Merveilleuse Juliette! Légende toujours vivante...

Jovette Bernier

JOVETTE BERNIER...
QU'ON A TANT AIMÉE!

Quelques pages ne suffiraient jamais à résumer les créations de Jovette Bernier à la radio et à la télévision de Radio-Canada pendant 45 ans. Encore moins à «raconter» l'écrivaine-journaliste-comédienne-diseuse-animatrice-conférencière! Un personnage coloré, rapportent les annales. Une passionnée qui vivait ses «hauts» et ses «bas» avec autant d'intensité. Et pour qui la création était une planche de salut. Sa fidélité à ses amours parfois déçues auront tout de même servi à approfondir son registre d'écriture...

Cinq recueils de poèmes, un essai, deux romans, dont **Non monsieur**, prix du Cercle du livre de France en 1969. Une collaboration ponctuelle, tout au long de sa carrière, à des publications telles que *La Revue moderne, Radiomonde,* le magazine *Châtelaine,* où, avec la sensibilité d'une spécialiste en la matière, elle signe une «chronique du cœur».

Elle fonde et dirige *La Revue de Jovette* en 1941.

À la radio de CBF, sa collaboration prend des allures de Titan. Qu'on se souvienne de ses plus «historiques» séries: **Fémina, La Rumba des radioromans,** qu'elle signe avec ses illustres confrères et consœur Deyglun, Grignon, Gury et Desprez; **Quelles nouvelles,** qui garde l'antenne pendant 18 ans, de 1939 à 1958; **Je vous ai tant aimé,** tant aimé du public, etc.

À la télévision, elle reprend **Quelles nouvelles** de 1956 à 1959 et **Je vous ai tant aimé** dans le cadre de la série **Quatuor** en 1958.

Auteure des dialogues de **Rue de l'Anse** (scénario de Guy Fournier, réalisation de Pierre Gauvreau) pendant huit ans, de 1963 à 1971,

Jovette Bernier y retrouve le décor et l'accent du pays cher à son enfance, Saint-Fabien-sur-Mer, dans le comté de Rimouski.

À travers toutes ses créations, on reconnaît la dame de cœur pleine d'esprit, d'humour, de fantaisie et de tendresse pour la race des humains. Née avec le siècle, Jovette Bernier est demeurée l'as des histoires de sentiments jusqu'en 1981...

Jacques Blanchet

LA PARESSE AGISSANTE DE JACQUES BLANCHET

Au cours d'une carrière brillante mais trop courte, Jacques Blanchet, un des pionniers de la chanson québécoise contemporaine, a écrit quelque 300 chansons poétiques, fantaisistes, ou tout simplement humaines. Comme il désirait chanter les aspirations des gens de toutes les couches de la société, Jacques Blanchet répondait à ceux qui lui reprochaient son absence de style spécifique: «La chanson est un poème qui descend dans la rue, elle ne peut donc être hermétique.» Troubadour des temps modernes, il puisait son inspiration un peu partout: «dans ma correspondance, dans mes expériences quotidiennes ou celles vécues au cours de mes voyages, aussi dans l'animosité de certaines personnes à mon égard et, naturellement, dans mes expériences amoureuses».

Attribuant sa paresse à son tempérament latin, il disait préférer «flâner au soleil plutôt que travailler». «Je peux être deux ans sans écrire de chansons puis, un bon matin, je me décide et j'en écris douze de suite.»

Cadet d'une famille de 12 enfants, Jacques est né à Montréal le 14 avril 1931. Déjà à 14 ans, il commence à écrire des chansons et, avant de connaître les Lesieur, Leclerc et Daunais, comme il n'écoute que les chansons françaises à la radio, il a l'impression d'être le premier à vouloir sortir des sentiers battus. Il s'intéresse aussi au dessin et à la peinture. Ses parents désirant le voir s'orienter vers le dessin commercial, il entre donc à l'École des beaux-arts, tout en continuant à écrire.

C'est en la personne de son beau-frère, l'écrivain Yves Thériault, que Jacques Blanchet trouve un guide qui passe sévèrement ses chansons au crible. Lorsque Thériault est satisfait d'une ou de

45

plusieurs chansons, il s'en sert comme charnières entre les textes qu'il écrit pour la radio. Les premières chansons de Jacques Blanchet ont été interprétées par Estelle Caron, Lucille Dumont, Lise Roy, Raymond Lévesque et Jean-Pierre Masson.

À l'âge de 23 ans, Jacques Blanchet décide de faire un séjour à Paris. Il va alors chanter dans plusieurs boîtes de la rive gauche: chez Patachou, chez Moineau, à la Rôtisserie de l'abbaye... Il ne vit pas richement avec les deux ou trois dollars qu'il gagne en une soirée, si bien qu'il décide de revenir au Canada. Sa carrière démarre fort bien après qu'il se soit mérité le premier prix au Concours de la chanson canadienne, organisé par Radio-Canada. **Le ciel se marie avec la mer** le consacre vedette auprès du public. Durant plusieurs années consécutives, il remportera ainsi les honneurs des concours auxquels il participera.

En 1959, après avoir enregistré ses premiers 45 tours, il se joint au groupe des Bozos, qui vont de succès en succès. Durant une dizaine d'années, entre Paris et Montréal, Jacques Blanchet vit intensément. On le retrouve aussi bien à la radio qu'à la télévision ou encore à la scène. C'est la grande époque des chansonniers qui font vibrer le cœur des Québécois.

À l'automne 1969, Jacques Blanchet effectue une première tournée en Russie, où il donne 38 récitals. Ce succès se renouvelle l'année suivante, ainsi qu'en 1974. D'une fois à l'autre, il est toujours bien accueilli dans les villes d'URSS où le mène la tournée.

Jacques Blanchet est décédé le 9 mai 1981, à l'âge de 50 ans. Ce pionnier de la chanson québécoise avait rêvé pouvoir aider concrètement les artistes à leurs débuts, ceux qui, comme lui, possédaient un idéal de perfection. Eh bien, ce souhait s'est transformé en réalité puisque, depuis 1983, à chaque printemps, la Bibliothèque nationale du Québec remet à un auteur, un compositeur ou un interprète la médaille Jacques-Blanchet afin de souligner la qualité tant littéraire que musicale de son œuvre. La même année, dix des plus belles chansons de Jacques Blanchet ont été réunies par la chanteuse Marie José Thériault et le pianiste André Gagnon pour composer un microsillon d'une très grande qualité. Ces chansons, qui couvrent plus de 30 années de métier, sont les témoins éloquents de la recherche continue de celui pour qui la chanson devrait être «ce poème qui descend dans la rue».

Réginald Boisvert

L'ÉCRIVAIN DE TOUT UN PEUPLE

«**J**e connais le peuple et je l'aime», a maintes fois répété Réginald Boisvert au cours de ses 35 années de production à titre d'écrivain de télévision.

Auteur à thèmes, il communique de façon vaste en racontant par tranches la vie d'un peu tout le monde. Et la vie de tous les jours. Il plante toujours son action au cœur de la famille, dans un quartier de la ville ou dans un village où les gens se voisinent. Il affectionne la vie toute crue, celle des gens simples, sans complications... et pourtant bourrée de problèmes!

Mais au-delà des apparences, du décor, ses personnages nous rejoignent toujours quelque part dans le détour, du côté de l'universel, en eaux profondes, là où tout est plus dramatique. Et là où les états financiers et les classes sociales n'existent plus tellement. En fait, pendant 35 ans, Réginald Boisvert sera le grand écrivain de nos petites personnes...

En 1962, pour la télévision de Radio-Canada, il écrit **Le Pain du jour**, téléroman fort, réalisé par Jean Valade et qui peint admirablement la vie des employés de manufacture avec tout l'ennui, toutes les embûches et aussi l'espoir que cela comporte. Une fresque ouvrière qui se dessine à travers le syndicalisme cher à l'auteur. «Je sais de quoi je parle. La question ouvrière, je l'ai connue jusqu'au fond des entrailles. À 17 ans, je sollicitais du travail que je n'arrivais pas à trouver. Pourtant je ne demandais que neuf dollars par semaine.» Il vient tout droit d'un milieu ouvrier. Le personnage de Charles Deguire dans **Le Pain du jour** n'est pas si loin de ce père qu'il a perdu à l'âge de 13 ans.

Né à Grand-Mère, autodidacte, Réginald Boisvert va être commis dans une fonderie, infirmier, secrétaire patronal dans une usine avant de rencontrer le fameux jésuite François Hertel, qui l'introduit à la centrale de la JEC (Jeunesse étudiante catholique) à Montréal. Là, entouré de jeunes qui se nomment Guy Cormier (aujourd'hui éditorialiste à *La Presse*), Pierre Juneau (président de Radio-Canada) et Gérard Pelletier, il entame une carrière de journaliste.

Il fonde le journal *Vie étudiante,* publication d'animation à l'origine de toutes nos semaines de campagne étudiante ayant pour thèmes la solidarité, l'engagement social, l'esprit de groupe... Il propose un idéal collectif à tous ceux qui ont aujourd'hui entre 35 et 45 ans.

Quelques années plus tard, Réginald Boisvert dirigera *Le Front ouvrier.* Il sera cofondateur de *Cité libre.* Et il ne reniera jamais cette appartenance profonde au monde syndicalo-nationaliste. La preuve: en 1967, il se porte candidat NPD dans le comté de Lafontaine. «J'ai sauvé mon dépôt!»

À Radio-Canada, au début des années 50, il écrit pour les **Nouveautés dramatiques,** réalisées par Guy Beaulne et Paul-Henri Chagnon. Puis dès 1952 et pendant six ans, il sera l'auteur, le père de **Pépinot et Capucine,** indéclassable émission de marionnettes que seul un cataclysme national aurait pu nous faire louper à la télévision de Radio-Canada! Trente ans plus tard, on fait encore revivre la magie de l'ours «Menoum-Menoum» et de Pan-Pan, celui «qui est toujours le vainqueur».

Auteur des séries **Bang-sur-la-rang** et **Courrier du Roy** pendant trois ans à la section Jeunesse, Réginald Boisvert captive les téléspectateurs adultes avec **La Force de l'âge**: «Savoir si la force de l'âge, ce n'est pas le moment de la vie où, se voyant faible, on choisit quand même de vivre...»

En 1967, après **Le Pain du jour**, une fois **Le Paradis terrestre** lancé (repris par Jean Filiatreault), Réginald Boisvert se plonge dans l'écriture de **Montjoye,** qui va nous rappeler dans un premier temps, avec un clin d'œil encourageant, que «notre pays, ça n'est pas un pays mais l'hiver». «Il y a un beau côté à la médaille. L'hiver, c'est blanc, serein, amusant pour plusieurs. Autour d'un centre de ski, on trouve des gens qui vivent et qui en vivent. Il ne faut pas se sauver de l'hiver...»

Sous la tempête, l'amour — même possessif, parfois déçu, toujours difficile — entre les personnages réussit à faire fondre non seulement nos appréhensions de l'hiver mais quelques autres tabous. L'auteur a quelque chose du chargé de mission. Et cette fois, il fait le portrait des cols blancs et des gens à revenus confortables.

À travers **Y a pas de problèmes**, il fait le tableau de la vie des routiers partagés entre la famille, les trajets interminables au volant d'une «van» et les p'tits restaurants bons et pas chers. Il plonge, une fois de plus, dans la réalité du peuple. «Le travailleur, aujourd'hui, vit dans une tentation de luxe. Et il existe dans une insuffisance nettement au-dessous du niveau de vie. C'est ça, l'ouvrier d'aujourd'hui.»

À la télévision privée, **Belle Rive** fait place aux jeunes. «Dans la vingtaine, on veut tout conquérir. On a de grandes aspirations, de nombreux défis à relever. Tous les jeunes sont ainsi. Mais il faut apprendre à attendre, à savoir devenir. À l'âge que j'ai, je pense qu'il y a un tas de questions, de problèmes auxquels il est impossible de trouver des réponses...»

Probablement à cause de ça l'auteur s'apprêtait-il à écrire une série d'émissions destinées à «faire rire»... Fort d'une sagesse vécue, ce pionnier des écrivains de télévision tranchait aussi sur la planche une série de textes pour marionnettes (**Le Crapoussin**), un recueil de poèmes, deux romans et une pièce de théâtre... que son départ laisse en suspens!

La Bolduc
(Mary Travers)

DIX ANS DE TRIOMPHE

Alors que 45 années se sont écoulées depuis que sa voix s'est éteinte, encore aujourd'hui la Bolduc fait parler d'elle. Cette turluteuse tient une place importante dans la lignée de nos chansonniers modernes.

Avant de porter son nom de scène, la Bolduc était connue sous le nom de Mary Travers. C'est le 4 juin 1894 qu'elle voit le jour à Newport, en Gaspésie, au sein d'une famille irlandaise. Elle hérite de son père une intense joie de vivre et un goût prononcé pour la musique. La fillette va à l'école le temps nécessaire à la préparation de la première communion. Comme le revenu du père est insuffisant pour faire vivre toute la maisonnée, à l'âge de 13 ans, Mary s'en vient à Montréal retrouver sa sœur, qui lui a déniché une place de servante dans une famille bourgeoise.

En 1914, elle épouse Édouard Bolduc; ce couple amoureux donne naissance à plusieurs enfants qui font leur joie. Cependant, la crise économique vient perturber cette paix; comme tant d'autres, Édouard perd son travail.

C'est à ce moment que s'amorce la carrière de la Bolduc. En 1928, au cours d'une soirée organisée pour le réveillon de Noël, la jeune femme chante en s'accompagnant au violon et à la guimbarde pour les spectateurs réunis au Monument national. Les applaudissements nourris de l'assistance vont encourager Mary à aller de l'avant, à écrire ses propres chansons. Quelques mois plus tard, elle réussit à convaincre le directeur d'une compagnie de disques d'enregistrer sa première chanson, **La Cuisinière**. Le succès est phénoménal: 10 000 disques vendus en l'espace de quelques semaines. À compter de ce moment, la renommée de la Bolduc s'étend du Québec à l'Ontario et du Nouveau-Brunswick à la Nouvelle-Angleterre.

Pendant plus de dix ans, les foules ont applaudi la Bolduc, qui chantait avec naturel, gaieté et humour la vie quotidienne et ses embêtements, et aussi l'actualité de ces années pénibles qu'elle s'ingéniait à commenter de façon à faire rire ses auditoires.

Au cours de sa brève carrière, la Bolduc a écrit une centaine de chansons, dont une cinquantaine seulement ont été enregistrées.

Celle qui, pendant les années sombres, a réussi à faire oublier aux spectateurs leurs tracas et leurs peines peut sans doute être considérée comme l'aînée des auteurs-compositeurs-interprètes du Québec.

Colette Bonheur

COLETTE BONHEUR...
COMME SON NOM!

Avec un nom comme Bonheur, noblesse oblige!

Colette Bonheur, toute menue, jolie, dynamique, toujours souriante, porteuse de fantaisie, de chansons coquines, a égayé tout le Québec jusqu'à la fin des années 50. Elle est issue d'un clan d'artistes. Sa mère, Lise Bonheur, a formé très tôt les mousses de la famille à l'art vocal et à la danse. Il sort de cette fournée Philippe Cailler, annonceur, Monique, comédienne et chanteuse, Guylaine Guy et Colette Bonheur.

C'est Jacques Normand qui lui donne ses premières chances au Faisan doré, puis au Saint-Germain-des-prés, où elle fait longtemps partie du spectacle avec Paul Berval et Gilles Pellerin.

À la télévision, elle s'impose rapidement à Radio-Canada, où on lui propose **Les Jeunes Années** et **Feuilles au vent.** Mais c'est **Porte ouverte** qui lui apporte la consécration et une popularité à l'avenant. Pendant trois ans, elle interprète toutes les chansons populaires de l'heure dans un cadre humoristique mené joyeusement par Jacques Normand et associés. Pourtant en plein succès, heureusement mariée au saxophoniste Gerry Robinson, elle n'hésite pas à tout quitter vers 1960 pour suivre son mari devenu chiropraticien et nouvellement installé sous le soleil des îles Bahamas.

Colette Bonheur nous revient une fois par année pour visiter parents et amis et retrouver son auditoire fidèle par le biais de Radio-Canada.

En 1966, maman de quatre enfants, dont un bébé de six mois, Colette Bonheur est foudroyée par une crise cardiaque à sa demeure de Freeport...

Pierre Boucher

HOMME D'INFLUENCE

Comédien et avocat, il aura investi tout son talent, ses connaissances et son énergie dans le milieu du théâtre, qu'il a défendu politiquement et avec passion au même titre qu'une «cause» sociale. Comme à peu près tous les comédiens québécois de sa génération, la révélation d'une attirance pour le jeu dramatique lui est venue au hasard d'une séance de collège. C'était au collège Garnier de Québec. Une saine ambition et son tempérament de chef l'incitent à fonder sa troupe, Les Comédiens de Québec, dès 1944, sans abandonner des études en droit et une tribune de professeur en psychologie sociale à l'Université Laval. Pierre Boucher a les reins solides.

Une fois son diplôme de plaideur et quelques économies en poche, il s'envole pour l'Europe. Dans le milieu des années 50, la France fut pour les Québécois une vaste source de ravitaillement artistique. Pierre Boucher va y raffiner ses dons de comédien avec Chancerel et les Compagnons du jeu.

De retour au pays deux ans plus tard, il s'installe à Montréal. C'est là que la province tout entière découvre, à travers plusieurs émissions de télévision destinées aux adolescents (**L'Île au trésor, Ouragan, CF-RCK, Radisson**), cet acteur superbe, solide comme une souche, l'œil vif, la répartie d'aplomb et le sourire gouailleur. Dans les téléromans, il fréquente assidûment **Rue de l'Anse, De 9 à 5, Le Paradis terrestre** et **Rue des Pignons**. À la radio, on le repère **Sur toutes les scènes du monde** et dans **Les Visages de l'amour**. À cette époque prolifique du théâtre télévisé sur les ondes de Radio-Canada (années 55-65), Pierre Boucher participe à une multitude de productions inoubliables: **L'Éternel Mari, Les Trois Sœurs, Marie-Octobre, Un barrage contre le Pacifique, Médée**, etc. En même temps, il accepte de donner des cours à l'École nationale de théâtre.

C'est dire que Pierre Boucher a fait le tour de toutes les avenues théâtrales, côté cour et côté jardin. Les problèmes des gens de théâtre, il les connaît de l'intérieur. Ce n'est donc pas étonnant de le retrouver, de 1962 à 1966, à la tête de l'Union des artistes et président de la Fédération internationale des acteurs en 1970. Le 1er octobre 1973, M. Pierre Juneau, alors président du Conseil de la radio-télévision, le nomme au poste de conseiller à la présidence. L'influence de Pierre Boucher est grande.

Aujourd'hui, on se rend compte que Pierre Boucher a dû s'armer de courage et de patience en se «colletaillant» à la fois aux lourdes machines gouvernementales et aux traditions culturelles.

Vingt ans plus tard, on assiste à une mise en vigueur de ce qu'il préconisait.

En 1966, Pierre Boucher déclarait dans le journal *Le Devoir,* au risque d'être hué si l'on considère la mentalité du temps: «À l'époque des revues, (...) le genre plaisait beaucoup. C'était grivois, disait-on, mais tout le monde y allait. On rejoignait l'âme populaire et c'est ça la raison du théâtre. Je ne dis pas qu'il faut être populassier, mais il faut rejoindre la majorité. (...) Les dramaturges qui tiennent à réussir ne doivent pas concevoir des œuvres que ne pourrait saisir qu'une présumée élite.»

Il ajoutait encore... il y a 20 ans de ça: «Il faudrait (...) qu'on commence à envisager le théâtre comme une industrie. Parfaitement. (...) Au lieu d'essayer d'évaluer arbitrairement la qualité culturelle des troupes et des représentations, on pourrait prendre comme barème "l'éloquence du guichet".»

C'est parti... Dans quelques années, puissiez-vous revenir, Pierre Boucher, histoire d'empêcher les troupes de verser dans l'excès contraire!

Hector Charland

AVOCAT D'UNE SEULE CAUSE

Hector Charland est né à 14 arpents du village de L'Assomption, dans le rang si poétiquement appelé Point-du-Jour, où l'on trouve encore aujourd'hui les plus belles fraises et framboises de toute la région.

Après des études brillantes au collège de L'Assomption, il choisit la profession d'avocat. Admis au Barreau en 1906, il abandonne presque aussitôt l'honorable profession pour se lancer tête première dans le théâtre, qui ne paie que des «pinottes» à ce moment-là. Ayant femme et deux enfants, Hector Charland acceptera donc tout au long de sa vie le poste alimentaire d'assistant-greffier à la Cour d'appel sans jamais cesser d'être un acteur...

Claude-Henri Grignon aimait dire de son premier interprète de Séraphin qu'il avait choisi d'être l'avocat d'une seule cause qui devait le marquer pour la vie. De fait, Hector Charland prendra la peau du célèbre usurier pendant 20 ans à la radio de CBF, dans trois paysanneries et deux films.

La passion qu'il nourrit pour son métier et l'amour qu'il porte à son personnage atteignent la légende. C'est lui qui aura l'éclair de génie, dans la chaleur du jeu, d'inventer le mot «argin», avec cet accent serré à tout jamais consacré. Il dote Séraphin Poudrier de toute la finesse de l'usurier normand, de la cruauté de l'avare, d'une passion de dominer et de vaincre à travers le respect absolu des lois. «La loi, c'est la loi...»

En 1942, après une représentation d'**Un homme et son péché** à l'auditorium d'Ottawa, devant 7 500 personnes, on doit recourir aux services de la police provinciale pour empêcher la foule de faire un mauvais parti au «maudit Séraphin»! «Je l'ai rasée belle, dit-il, une fois à l'abri des agresseurs. Viande à chiens, j'aime ça d'même!»

Fils de terriens, paysan jusque dans la moëlle, Hector Charland comprend l'âme des défricheurs. Il glorifie la noblesse du mot «habitant». Paysan, Hector Charland l'est même dans sa façon de raffoler de cuisine canadienne. Lié aux traditions, Charland est homme de droite. Il ne manque jamais la messe. La bénédiction du jour de l'An et le rituel religieux sont pour lui sacrés. Et jusqu'à sa mort, à l'âge de 79 ans, il vivra fidèlement pour sa femme et ses deux fils, confortablement installé sur la rue Saint-Hubert, non loin de la rue Sherbrooke. De là, il peut chaque année regarder passer la «parade de la Saint-Jean-Baptiste». Et chaque fois, sur son char, le maire Camilien Houde fait arrêter la procession pour lancer un souriant «Salut Hector!»

Dans **Un homme et son péché**, Séraphin doit un jour cracher malgré lui un énorme «vingt piastres» à Wabo. Une semaine plus tard, une auditrice compatissante du Bas-du-Fleuve lui envoie une image de Saint-Antoine en lui affirmant que cette image lui a fait retrouver deux cruches de sirop d'érable! Peut-être Saint-Antoine lui fera-t-il récupérer son «argin»! «Je garde précieusement cette image, avoue Hector Charland plusieurs années plus tard. Elle me servira, un jour, de laisser-passer pour le ciel. En lui présentant l'image, je demanderai à Saint-Antoine de m'ouvrir les portes du paradis et d'y laisser entrer ma femme et mes enfants.»

En 1956, quand Claude-Henri Grignon écrit **Les Belles Histoires des pays d'En-Haut** pour la télévision de Radio-Canada, Hector Charland ne peut plus interpréter le rôle écrasant de Séraphin.

«Pourquoi, dit-il à l'auteur, ne me fais-tu pas jouer le rôle d'Évangéliste? Je jouerais mon propre père!» Et Hector Charland deviendra dans le décor des montagnes du Nord un personnage à l'opposé de Séraphin, tout en douceur, plein de bonté, empreint de sagesse, généreux et tolérant. Jusqu'en 1960...

Raymond Charrette

TRENTE ANS DE COMMUNICATION

Philosophe de formation, enquêteur en réclamation d'assurances, représentant d'un laboratoire de produits pharmaceutiques, il devient annonceur à Radio-Canada en 1952. Pendant quatre ans, il présente **L'Opéra du samedi** et **L'Opéra du Métropolitan,** diffusé en direct du Met de New York. Interviewer à la télévision pour l'émission **Carrefour,** il se fait reconnaître comme reporter à **Actualités politiques,** animées par André Laurendeau, de 1962 à 1965. En novembre, il se fait remarquer comme modérateur lors du débat politique historique entre Daniel Johnson et Jean Lesage.

Mais le jeu-questionnaire **Tous pour un,** que Raymond Charrette anime à la télévision de Radio-Canada pendant quatre années consécutives, de 1963 à 1967, lui permet d'entrer dans la ronde des têtes d'affiche prestigieuses. On découvre alors le raffinement de l'homme, qui jouit d'une vaste culture. On estime la droiture et l'honnêteté de l'être de principes. En regard de la popularité, cette émission est certainement le «clou» de sa carrière.

Toutefois, c'est avec autant de rigueur professionnelle et de chaude conviction qu'il anime ensuite **Conférence de presse, Atomes et galaxies** et **Expo-Scopitone** à la télévision ainsi que **Présent** à la radio.

Au petit écran, il anime encore une remarquable série de 19 émissions sur l'éducation sexuelle dans le cadre de l'émission **Dossier,** réalisée par Max Cacopardo. Ses **Propos et confidences** en tête à tête avec l'homme de théâtre Jean Vilar et ses **Rencontres** deviennent des morceaux de choix. Puis, avec toute la passion qu'il voue à la musique, son émission radiophonique **Les Musiciens** prend une envergure inespérée.

Si Radio-Canada fait encore appel à sa compétence dans un contexte sportif, c'est que Raymond Charrette est également un fervent amateur de golf et de tennis. À plusieurs reprises, il sera chargé d'analyses au moment de grandes compétitions.

En 1982, il s'apprêtait à prendre en main l'animation d'un magazine culturel hebdomadaire, **Le Trèfle à quatre feuilles**, avec son ami le réalisateur Roger Fournier... quand le mot FIN vient s'inscrire au générique d'une vie extrêmement remplie, marquée par le sceau du perfectionnisme et de l'excellence.

Cette réussite, toute à sa gloire personnelle, fait aussi grand honneur à Radio-Canada.

Théo Chentrier

UN PSYCHOLOGUE AU MICRO

Pendant une dizaine d'années, Théo Chentrier s'est adressé aux auditeurs de toutes les classes sociales avides d'apprendre à bien utiliser les clés pouvant les aider à ouvrir la porte du bonheur.

Grâce à l'émission radiophonique **Psychologie de la vie quotidienne,** entendue en matinée et en début de soirée, ce fin spécialiste de l'âme humaine a pu répondre aux attentes de ses correspondants en leur prodiguant de judicieux conseils. Avec Mia Riddez, lectrice des lettres envoyées par les auditeurs, il discutait de la solution à apporter à chaque problème qu'on lui soumettait, si bien qu'une bonne partie de l'auditoire pouvait ainsi tirer profit de ces dialogues vivants où les deux animateurs abordaient les sujets les plus variés.

D'où nous était donc venu cet éminent personnage? Natif de la Provence, dont il avait gardé le savoureux accent, Théo Chentrier avait commencé par enseigner les lettres à Paris. Attiré par cette science nouvelle qu'était à ce moment-là la psychologie, il se mit avec ardeur à l'étude, si bien qu'en 1929, bien qu'il ne fut pas médecin, il fut autorisé à pratiquer sa science dans les hôpitaux parisiens.

C'est en 1948 qu'en réponse à l'invitation du recteur de l'Université de Montréal il accepta de venir donner un cours de psychologie à un groupe d'étudiants.

En septembre 1956, il quitte sa chaire universitaire pour répondre à la demande de Radio-Canada, qui lui offre une tribune quotidienne sur les ondes radiophoniques, d'où il pourra s'adresser à une importante partie de la population. Théo Chentrier s'avère alors un vulgarisateur et un conseiller possédant le don de retenir l'attention d'auditeurs avides de sortir de la grande noirceur dans laquelle ils s'étaient si longtemps sentis emprisonnés.

Il n'est pas facile de trouver les mots pour décrire cet homme de qualité et c'est pourquoi nous empruntons la description qu'en faisait monseigneur Irénée Lussier en 1961: «Théo Chentrier, c'est le grand-père qui rit, qui admoneste, qui fustige, mais qui toujours exerce sa bonté et veut faire partager sa sagesse.»

À la suite de son décès, survenu en 1965, une personne qui le connaissait bien parlait de lui en ces termes: «Théo Chentrier, c'était l'ami rassurant, plein de bon sens et pourtant sans aucune indulgence pour la bêtise humaine. Des milliers d'auditeurs l'écoutaient avec respect et reconnaissance. Ce vieillard, presque octogénaire, avait gardé une jeunesse de cœur et d'esprit remarquable.»

Combien parfois il serait bon d'entendre, autrement que dans le souvenir, cette voix rassurante parler de la bonté, «sœur jumelle d'une intelligence profondément humaine». Pour tous ceux qui l'ont écouté avec le désir profond d'évoluer vers un mieux-être dans un univers élargi, Théo Chentrier demeure cet être exceptionnel qui a su exercer une influence bienfaisante dans ce pays qu'il avait vite appris à aimer.

Pierre Chouinard

40 ANS DE SHOWBUSINESS

À Charlesbourg, le 14 août 1929, Pierre voit le jour au sein d'une famille qui va plus tard donner au monde du spectacle des artistes de qualité, des humoristes sachant manier la langue française avec élégance. Pendant 40 ans, Pierre Chouinard va connaître une existence fort active à la radio, au cabaret ainsi qu'à la télévision. Chanteur, imitateur, animateur, scripteur, annonceur, administrateur, au fil des ans ce travailleur acharné a touché à tous les métiers liés au spectacle.

Ses engagements successifs à diverses stations radiophoniques lui ont fourni l'occasion de bien connaître plusieurs régions du Québec et du Nouveau-Brunswick. Partout où il est passé, ce boute-en-train s'est fait de nombreux amis.

Le cabaret et le théâtre semblent avoir été des lieux magiques pour ce fantaisiste, qui retrouvait là le plaisir de jouer et de chanter devant un public bien vivant. Son aisance et sa culture le faisaient apprécier comme maître de cérémonie aux galas et aux conférences politiques. Il était aussi très en demande comme participant aux émissions de quiz à la radio et à la télévision.

En 1972, il entre à Radio-Canada pour y travailler à une émission d'affaires publiques. Un peu plus tard, on le retrouve à la télévision comme animateur de **Vedettes en direct.** Pendant plusieurs années, il a été le titulaire de l'émission radiophonique très populaire **Montréal-Express,** où son humour facilitait aux travailleurs le retour à la maison en leur faisant oublier le stress causé par une circulation parfois incohérente. Il savait donner à chacun des journalistes en ligne la chance de pouvoir s'exprimer de façon très personnelle, si bien que cette émission de détente faisait double emploi puisqu'elle renseignait les auditeurs comme peut le faire un journal du soir.

Puis, le 1. septembre 1983, deux semaines après avoir commencé à animer l'émission de services communautaires **À votre service,** Pierre Chouinard quittait dramatiquement la scène en s'enlevant la vie. Il avait 54 ans. Ce drame allait frapper de stupeur sa femme Danièle, ses cinq enfants, sa mère, ses frères ainsi que ses amis.

C'est avec nostalgie que plusieurs de ses camarades de travail ont par la suite évoqué les bonnes années où le travail et le plaisir semblaient aller de pair lorsqu'ils étaient en compagnie de Pierre Chouinard.

Eugène Cloutier

GRAND VOYAGEUR

Grâce à la magie de sa plume et de son verbe, Eugène Cloutier a su entraîner à sa suite auditeurs, spectateurs et lecteurs dans de beaux voyages autour du monde, qu'il a parcouru en tous sens pendant une vingtaine d'années. Maintes fois, il est parvenu à donner aux sédentaires l'impression de partager la vie des peuples, qu'il savait présenter de façon naturelle et vivante. Son œuvre entière est empreinte de ce style vif, coloré qui fait penser aux récits de ces conteurs anciens dont l'art consistait à fondre harmonieusement le vécu et l'imaginaire afin de mieux présenter le rêve à leur auditoire.

Natif de Sherbrooke, Eugène Cloutier s'en est allé à Québec pour y faire ses études collégiales et universitaires. Sa carrière de journaliste débute au *Soleil* et se poursuit à *L'Événement*. Vivement intéressé par l'information diffusée sur les ondes radiophoniques, il entre à CHRC, où bientôt il assumera le poste de directeur de l'information.

En 1947, il épouse Isabelle Boiteau. En 1959, ils fêteront la naissance d'Anne-Marie. Mais en attendant cet heureux événement, le jeune couple vient s'installer à Montréal, où pendant trois ans Eugène Cloutier travaillera à Radio-Canada à titre de réalisateur. Bien qu'il reviendra souvent à ce port d'attache pour y présenter ses œuvres, ce n'est toutefois qu'en 1973 qu'il réintégrera l'équipe de réalisateurs de la chaîne radiophonique pour, l'année suivante, couronner une brillante carrière comme directeur des programmes au Service international de Radio-Canada.

À compter de 1950, Eugène Cloutier semble accorder la priorité à son travail d'écrivain. Après avoir poursuivi des études à la Sorbonne, il fera régulièrement la navette entre Paris et Montréal. Et c'est également à partir de ce temps qu'il va entreprendre ces longs voyages dont il rapportera des images bien vivantes et colorées qui pourront ensuite enrichir l'imaginaire collectif des gens d'ici.

Auteur prolifique, Eugène Cloutier a doté la littérature canadienne d'un œuvre diversifié, où se côtoient romans, pièces de théâtre, œuvres dramatiques pour la radio et pour la télévision, textes humoristiques ainsi que de nombreux récits de voyage.

Eugène Cloutier était âgé de 54 ans au moment où il prit son départ pour le grand voyage.

Émile Coderre

JEAN NARRACHE, PHARMACIEN

«**À** soir, j'suis v'nu tirer un' touche dans l'parc Lafontain', pour prendr' l'air à l'heure ousque l'soleil se couche derrière la ch'minée d'chez Joubert.»

Faut-il avoir plus de 50 ans pour se souvenir de ces moments émouvants de la radio?

Avec un style typique, tout de même un peu apparenté à **La Chanson des gueux** de Jean Richepin, la poésie sans prétention de Jean Narrache a dépeint pendant plus de 30 ans la vie des «miséreux» et leurs humiliations quotidiennes.

Né Émile Coderre, le poète montréalais était d'abord pharmacien, traducteur et bibliothécaire adjoint au ministère de la Santé. Il était aussi secrétaire-régistraire au Collège des pharmaciens de la province de Québec et professeur de législation pharmaceutique à la Faculté de pharmacie de l'Université de Montréal.

En 1953, choisi «pharmacien de l'année», l'Association des pharmaciens détaillants lui remettait «le mortier d'honneur».

Sous le pseudonyme de Jean Narrache, il a longtemps publié des articles dans *La Patrie du dimanche, La Grande Revue* et *La Revue moderne*. Il a écrit des pièces de théâtre folklorique, édité des recueils de poésie et des pages humoristiques sur l'histoire du Canada et rédigé des sketches radiophoniques présentés à CBF dans les séries **Bonjour les gars** et **Jean Narrache, pharmacien,** etc.

Mais incontestablement, les poèmes du Vagabond, si populaires à la radio, récités et enregistrés sur disques (aujourd'hui quasiment introuvables) par Paul-Émile Corbeil, demeurent les perles de cette production pourtant si riche en images et en réflexions sages.

Ses amis Albert Lozeau, Claude-Henri Grignon, Jovette Bernier et Alphonse Désilets tentaient de faire sortir le poète de son refuge ombragé. Mais Jean Narrache était solitaire. Il aimait la vie tranquille. La vie modeste. Chaque jour, il écrivait partout, n'importe où, à table, dans le jardin ou le tramway, au fil de son inspiration.

Amoureusement soudé pendant plus de 40 ans à sa partenaire de vie Marie-Rose Coderre (une dame toute frêle aux yeux bleus qui s'était laissée séduire par «les petits mots» que lui écrivait le poète), il gardait son amour loin des futilités de la vie mondaine. «Pour vivre heureux, vivons cachés, si tu veux...», dit la chanson!

C'est peut-être à la santé fragile d'Émile Coderre qu'on doit tout l'œuvre de Jean Narrache. Chaque période de travail intensif devait être suivie d'un repos prolongé. Le poète menait par conséquent une vie «protégée», à distance des réalités de la lutte sociale. Pour compenser, il allait se promener dans l'est de Montréal pour regarder ceux qui devaient se bagarrer férocement pour survivre. C'est à ce moment-là qu'il se mit à écrire d'étranges poèmes dédiés «aux gars de la misère», en ajoutant: «C'est la majorité sur terre.»

Très lié avec Robert Choquette, il devait collaborer à plusieurs émissions radiophoniques en tandem. Ce fut, à Radio-Canada, la série **Ovide et Cyprien**.

En 1963, Jean Narrache publiait aux Éditions de l'homme un livre intitulé **Jean Narrache chez le diable**. En 1970, il s'en allait pourtant chez l'Bon Dieu...

«Ici, on peut rêver tranquille, d'vant l'étang, les fleurs pis l'gazon. C'est si beau qu'on s'croirait loin d'la ville ousqu'on étouff' dans nos maisons.»

Paul-Émile Corbeil

LA PLUS BELLE VOIX DU CANADA

Sa voix, la plus belle «basse» du Canada, faisait l'unanimité. Un don que les Corbeil semblent vouloir se transmettre d'une génération à l'autre. Celui qui devait plus tard devenir un maître de l'enseignement avait étudié chez les plus grands: Armand Pellerin, Oscar O'Brien, Albert Roberval, Arthur Pruneau, Salvator Isaurel. Puis il avait encore raffiné technique et interprétation à New York et à Boston.

Paul-Émile Corbeil fonde, en 1929, L'Orphéon de Montréal (chœur de 82 voix d'hommes) et, l'année suivante, le quatuor Les Grenadiers impériaux avec François Brunet, Gaston Nolin et Léopold Fortin. En 1935, il forme encore la Symphonie vocale de Montréal avec 32 voix d'artistes professionnels.

Au début des années 30, Paul-Émile Corbeil décroche un contrat à la NBC de New York et obtient son émission attitrée! Il présente deux concerts au Metropolitan Opera, devient narrateur français aux studios de la Warner et participe à des émissions telles que **Radio City Music-Hall, Tribute to..., Hands Across the Border, Major Bowes Hour**. Des histoires à faire l'envie des meilleurs chanteurs québécois d'aujourd'hui!

Pourtant en 1935, à 27 ans à peine, sans abandonner tout à fait l'art vocal, Paul-Émile Corbeil entre à Radio-Canada à titre de chef réalisateur. Dix ans plus tard, il fonde son propre bureau de production radiophonique affilié à l'agence de publicité Spitzer et Mills et réalise **Les Joyeux Troubadours**. La formule s'avère gagnante, on le sait, puisque plus d'un quart de siècle plus tard, l'émission battait son plein...

— Qui est là?
— Les Joyeux Troubadours.
— Mais entrez, voyons.
— Entrons!
Durant toute la s'maine
les Joyeux Troubadours
ont confiance en leur peine
et rigolent toujours...

L'époque où on croyait encore au bonheur, à une vie insouciante! C'est l'après-guerre florissant, le temps des «success stories». Mais Paul-Émile Corbeil se fera aussi l'interprète par excellence des petites gens, des miséreux comme on disait à ce moment-là. En 1956, le célèbre chanteur-réalisateur-producteur devient à la radio et sur disque l'émouvant Vagabond qui chante et récite avec sensibilité les poésies de Jean Narrache.

Également professeur, compositeur et auteur d'une multitude d'arrangements vocaux, Paul-Émile Corbeil aura connu toutes les facettes d'une carrière artistique marquée par le succès. Son talent lui permettait d'opter pour la carrière internationale. Il a choisi de rester au pays... qui est tout de même assez vaste. Dans cent ans, on reparlera encore de Paul-Émile Corbeil comme de «la plus belle voix du Canada»!

Miville Couture

DE JOYEUX MATINS

Pendant bien des années, Miville Couture a réussi le tour de force de réveiller les auditeurs de CBF sans qu'ils ne rechignent trop; en prenant leur café, ils oubliaient même la lecture du journal et ils se retrouvaient ensuite presque dans un état euphorique au moment de sortir de la maison pour affronter les intempéries en allant au boulot. C'était la belle époque de **Chez Miville**.

Comment tracer un juste portrait de cet homme sympathique, tendre et tellement cultivé! Il pouvait très bien entretenir ses auditeurs de littérature, de musique, de politique nationale ou internationale, passant aisément d'un sujet à l'autre. Alors, faut-il le placer dans la catégorie des annonceurs, des animateurs, des commentateurs ou encore des comédiens? Il était un peu tout cela à la fois puisqu'il pouvait se promener d'un travail à l'autre en semblant se jouer des difficultés.

C'est comme annonceur que Miville Couture avait fait ses débuts à Québec au poste CHRC. Il passa ensuite quelque temps à Rimouski avant de venir travailler à Montréal. En 1944, il devint successivement annonceur en chef puis annonceur-conseil pour tout le réseau français.

Bien des fois, il eut l'occasion de mettre en lumière ses dons de comédien, aussi bien au micro que dans le quotidien. À cet effet, tous ses camarades de travail devraient pouvoir avouer s'être fait prendre aux tours que leur jouait le fantaisiste Miville, qui excellait dans le domaine de l'humour, le maniant avec infiniment de finesse.

Doué d'une imagination sans cesse en ébullition, il lui arrivait de laisser bouche bée ses interlocuteurs. En voici un exemple bien

71

amusant. Durant la guerre, dans la populaire série pleine de rebondissements qu'était **La Fiancée du commando**, Miville jouait le personnage d'un général allemand du nom de Fickel. Cet être arrogant faisait la pluie et le beau temps en France occupée, et il lui est même arrivé de jeter la panique dans le studio de radio de CBF, où, comme le raconte le comédien Rolland Bédard, il fallait sans cesse être sur ses gardes par crainte de perdre le fil de l'histoire. En effet, «ce polyglotte réputé se servait de son génie pour nous mettre en boîte plus souvent qu'à notre tour». «En s'approchant du microphone, il marmottait en allemand tous les mots qui lui venaient à l'esprit, et même beaucoup d'autres qui n'avaient d'allemand que la prononciation. Ça donnait le ton à la conversation que j'allais amorcer avec le doctor Fickel: Kapout, kamarad, mein Fürher est en fureurrr... Achtung, achtung... ça va sauter ce soirrr, Kammando Kanadtien!» Encore aujourd'hui, il est facile d'imaginer combien ces performances linguistiques ont dû semer le fou rire dans tout le studio.

Une autre anecdote, racontée par Jean-Paul Nolet, met en évidence la spontanéité de cet homme plein de ressources et tellement professionnel quand il s'agissait de son travail. Le 8 mai 1945, jour de l'armistice, alors que le jeune annonceur se trouvait à côté de Miville Couture dans l'édifice du King's Hall, rue Sainte-Catherine, il a vu «Miville jetant par les fenêtres toute la paperasse accumulée dans ses dossiers, Miville haranguant en langue allemande la foule hystérique».

Ce n'est pas seulement en allemand que Miville Couture pouvait s'exprimer puisqu'il parlait aussi à la perfection l'anglais, le russe, l'espagnol et l'italien.

Bien des Canadiens ont gardé un souvenir ému de cet homme généreux qui savait effacer la grisaille de leur quotidien en les transportant dans un monde fantaisiste, celui qu'ils pouvaient sans difficulté retrouver d'un matin à l'autre en déjeunant avec la joyeuse équipe de **Chez Miville**.

Lionel Daunais

COMPOSITEUR UNIQUE

C'est avec plein de chansons dans la tête que l'on se doit d'évoquer la riche carrière de Lionel Daunais, un homme très grand et tout simple à la fois.

Au lendemain de la réception du prix Calixa-Lavallée décerné par la Société Saint-Jean-Baptiste, Lionel Daunais déclarait: «Je ne connais pas un Canadien qui ait fait une carrière aussi intense et aussi complète que moi. Et je crois être l'artiste canadien-français le plus gâté par le public. Je n'ai jamais arrêté de chanter et les échos qui demeurent de toutes ces années sont composés de rires. J'ai toujours aimé faire rire les gens et, encore aujourd'hui, quand je pense à telle ou telle opérette que nous avons donnée, ce ne sont pas les applaudissements que j'entends, mais bien plutôt les rires, ces rires qui se continuaient longtemps après le baisser du rideau. Il m'arrive parfois de me faire saluer par d'anciens fidèles des Variétés lyriques qui me parlent des bons moments qu'ils ont connus grâce à l'opérette.»

Mais il faut bien dire que Lionel Daunais n'est pas parvenu à ce succès sans peine. À 19 ans, alors que son cœur balançait entre le chant et la musique, il avait décidé d'étudier ces deux disciplines en partageant son temps et ses énergies entre cinq professeurs. À l'âge de 24 ans, après qu'on lui eut décerné le Prix d'Europe avec la mention grande distinction, il part pour la France en compagnie de sa jeune femme.

Après une année d'étude de contrepoint et de mise en scène, la chance frappe à sa porte: un grand musicien et chef d'orchestre, qui venait d'être nommé directeur de l'Opéra d'Alger, l'écoute chanter, le voit en scène et l'engage aussitôt pour jouer les premiers rôles pour la saison qu'il prépare. «À la fin de cette année-là, je connaissais 21 opéras dans lesquels j'avais joué.»

Et c'est le retour au Québec, où il espère vivre ses rêves. En 1936, un coup de téléphone de Charles Goulet annonce un début d'aventure. De cette rencontre entre les deux artistes, qui partagent les mêmes idées, va naître l'idée d'une troupe consacrée à l'opérette. Avec audace, même s'ils ne possèdent pas un sou vaillant, les deux hommes président à la naissance des Variétés lyriques. Leur première production, **Le Pays du sourire,** remporte un franc succès et, d'emblée, le public commence à affluer au Monument national. Il en est de même pour les chanteurs et les comédiens, qui sont enchantés de faire partie de cette belle famille où ils peuvent recevoir une formation scénique de première qualité. Autant aux répétitions que durant les représentations, les rires fusaient car tout ce beau monde travaillait dans la joie.

L'ère de la radio en est à ses débuts et Lionel Daunais prend part à plusieurs émissions comme chanteur et aussi quelques fois comme réalisateur. En 1932, il fonde le Trio lyrique avec comme partenaires Anna Malenfant, Allan McIver et Ludovic Huot, que remplacera un peu plus tard Jules Jacob. Pour ce groupe, Lionel Daunais écrit une centaine de chansons tendres, légères, humoristiques. «Je crois avoir été le premier à faire vraiment de la chanson québécoise. Je l'avoue sans fausse honte, je pense qu'aujourd'hui elles sont aussi jeunes qu'elles l'étaient au moment où je les ai écrites.» Le Trio lyrique, qui partait régulièrement en tournée à travers la province, a fait la joie des mélomanes pendant une trentaine d'années. Comme adieu à la population du Québec, entre 1961 et 1962, le Trio lyrique a donné une série de 250 concerts à la radio de Radio-Canada.

Pendant toutes ces années, Lionel Daunais poursuivait également une carrière personnelle de chanteur. Tout ce qu'il a accompli au cours de cette période active était mené de front. «Vers 1940, au cours d'une année, je pouvais faire 100 émissions à la radio et donner environ 80 représentations d'opérette. Souvent, au retour du théâtre, il m'arrivait de composer pendant une bonne partie de la nuit.»

En compagne aimante et fidèle, madame Daunais a suivi de très près la carrière de son mari. Elle a partagé ses joies, ses tracas, ses triomphes, et elle a pris grand soin de l'éducation de leurs trois enfants, qui au cours des ans leur ont donné neuf beaux petits-enfants. À tour de rôle, ils venaient à la maison familiale, dans cette belle demeure centenaire construite sur un immense terrain situé en bordure du Saint-Laurent. C'est dans ce havre de paix que Lionel Daunais pouvait composer ses belles mélodies destinées aux chorales qui lui en faisaient la demande pressante.

Après ses adieux à la scène, Lionel Daunais avait fait don de la plupart de ses œuvres écrites à la Bibliothèque nationale, maintenant conservatrice de ce beau patrimoine. Là, entre ces feuillets, vibre une part de vie consacrée à la musique.

Des milliers de gens doivent à Lionel Daunais des heures inoubliables!

Paul De Margerie

LE VISAGE DE PAUL DE MARGERIE

Entre le football et le piano, Paul De Margerie avait choisi le piano. Gérant de nuit dans un ascenseur, chef de la section des nouvelles dans un poste de radio de la Saskatchewan, où il était né, disc-jockey, pianiste classique, pianiste dans les cabarets... toutes ses expériences l'ont fasciné.

Musicien, compositeur, chef d'orchestre, son nom reste gravé sur disque, en fraternité avec des auteurs de la trempe de Jean-Pierre Ferland, entre autres. Inoubliable beauté en chanson de **Ton visage,** dont Paul De Margerie a signé la musique...

Longtemps directeur musical de **Place aux femmes** à la radio et de **Music-hall** à la télévision, ce merveilleux créateur n'a pas toujours été bien compris à travers ses gestes d'homme libre profondément humaniste. Il avait été menacé d'excommunication par l'évêché de monseigneur Roy, à Québec, pour avoir accepté d'être organiste dans une synagogue! «Le bonheur est un "Do it yourself kit" dont on aurait perdu le feuillet d'instruction», disait-il.

Il nous a quittés très rapidement, à l'âge de 38 ans, atteint d'une tumeur au cerveau.

C'était vraiment trop tôt...

Jean Deslauriers

FAIRE VIBRER
LES CORDES SENSIBLES...

Quand on naît entre une trompette et un piano, c'est-à-dire d'un père dans le vent et d'une mère dans la note, comment ne pas rêver de devenir chef d'orchestre?

Dès l'âge de neuf ans, Jean Deslauriers étudie le violon. À 16 ans, il fait des tournées au Canada et aux États-Unis sur l'invitation de Paul Dufault et Joseph Saucier, chanteurs de belle réputation dans les années 20. Puis Jean Deslauriers apprend l'harmonie, le solfège et le contrepoint avec des maîtres en la matière: Romain-Octave Pelletier, Auguste Descaries et Claude Champagne.

Membre de la première équipe des musiciens qui forment l'Orchestre symphonique de Montréal, il honore la section enviée des premiers violons pendant dix ans. Un accident malheureux (fracture de l'auriculaire de la main gauche) l'oblige à abandonner le violon à tout jamais. Il forme alors un ensemble à cordes, dont il devient le chef.

En 1936, il dirige à la radio de CBF une série d'émissions intitulée **Sérénades pour cordes**. En 1955, cette émission devient à la télévision de Radio-Canada une délicieuse série intitulée **Sérénade estivale**. On se souvient de ce rendez-vous hebdomadaire qui entraînait l'auditoire québécois sur les ailes de la romance, du lyrisme et du rêve enchanté. Nos plus belles voix y ont participé: Claire Gagnier, Denis Harbour, etc.

Au cours des années 50, Jean Deslauriers dirige aussi **Le Théâtre lyrique Molson**, diffusé par Radio-Canada de la salle du Plateau, à Montréal. En 1964, nommé directeur musical du Théâtre lyrique de la Nouvelle-France, à Québec, il conduira **Madame Butterfly**, **La Veuve joyeuse** et **Monsieur Beaucaire** au succès. À Québec, quelques années plus tard, c'est la direction du Théâtre lyrique du Québec qu'on lui confie.

Le répertoire de Jean Deslauriers est considérable. À la télévision d'État, il aura tout le loisir d'enchanter les téléspectateurs avec des opéras, opérettes et ballets chers aux amateurs de jolie musique. Le maestro, souvent invité à diriger les grands orchestres symphoniques du Canada à Vancouver, Winnipeg, Toronto et Halifax, participera à toutes les émissions musicales présentées à la maison mère, rue Dorchester. Qui ne l'a pas applaudi à **L'Heure du concert**, **Concerto**, **Les Concerts populaires**, **L'Opéra-concert**, **Les Beaux Dimanches**, etc.?

En 1972, Jean Deslauriers se voit nommé chef adjoint de l'Opéra du Québec. Au cinéma, il signe la musique de **Séraphin, Un homme et son péché, Le Curé de village, La Forteresse**, qui sont nos grandes œuvres préhistoriques du cinéma québécois.

Directeur de la classe d'orchestre à cordes du Conservatoire de musique et d'art dramatique du Québec, il devient membre en 1967 de la Commission d'enquête sur l'enseignement des arts, instituée par le gouvernement du Québec. Ce qui permet au maître un tour du monde carabiné dans l'exercice de ses fonctions.

En mai 1978, alors qu'il s'apprête à diriger les concerts d'été de l'Orchestre symphonique de Montréal, Jean Deslauriers nous quitte subitement.

Il aura, bien avant les autres, ouvert les portes des cathédrales et, avec la complicité soutenue de Radio-Canada, sensibilisé l'auditoire du Québec aux grandes œuvres musicales.

Paul Desmarteaux

LE CURÉ LABELLE

Paul Desmarteaux a été une des figures prédominantes de la série **Les Belles Histoires des pays d'En-Haut.** Pendant 20 ans, toujours avec la même intensité, il a campé de façon inoubliable le Curé Labelle. Aimant ce personnage historique, afin de lui donner sa véritable dimension, il a tenté d'approfondir un peu plus sa vie, sa pensée, son orientation religieuse autant que politique. Après l'audition où, faisant une colère, il avait cassé sa première pipe de plâtre et à la suite de l'annonce qu'on lui confiait le rôle, Paul Desmarteaux s'est rendu à Saint-Jérôme pour se documenter sur le curé Labelle, consultant de nombreux ouvrages consacrés à cet homme haut en couleur qu'il allait devoir faire revivre; pour le bénéfice de ses concitoyens, il se devait de bien connaître ce défricheur infatigable, qui joua un rôle si important dans le développement des pays d'En-Haut.

Avant de personnifier le Curé Labelle, «le plus beau rôle de ma vie», affirmait-il, Paul Desmarteaux avait déjà une longue et belle carrière à raconter.

L'aventure débute alors que, suivant les traces et les conseils de son frère Désiré, Paul, alors âgé de 17 ans, va apprendre les rudiments du métier de machiniste de scène. Successivement, il est employé dans plusieurs théâtres montréalais, où il a l'occasion de côtoyer la Poune, Manda, le père et le fils Guimond ainsi que tous ceux-là qui font alors carrière dans le vaudeville ou le théâtre de boulevard. Le jeune homme est apprécié pour sa générosité, sa grande discrétion et son esprit pince-sans-rire. Au fil des représentations, Paul Desmarteaux se met à rêver de quitter l'arrière-scène pour, à son tour, se présenter devant le public afin de l'émouvoir ou de le faire rire. 1920, 1930. C'est alors une époque faste pour les artistes, qui peuvent trouver leur gagne-pain dans l'un ou l'autre de la vingtaine de théâtres qui attirent alors un public fidèle.

Après avoir commencé à faire son éducation d'acteur sous l'égide du grand Olivier Guimond père, Paul s'engage dans la troupe de la Poune, où, avec sa femme Aline Duval, il va passer de nombreuses années. Pendant les saisons estivales, tous deux font partie de la troupe de Jean Grimaldi, dont les spectacles sont présentés en tournée au Canada et aux États-Unis. On retrouve ensuite le couple Desmarteaux-Duval au Petit Canadien dans des pièces composées par Jean Grimaldi, qui, connaissant la facilité de Paul à passer de la comédie au drame, lui confie maints rôles de composition. À cette époque, Paul Desmarteaux va connaître de beaux succès aux côtés de Lucie Mitchell, sa partenaire dans la pièce et dans le film **Aurore l'enfant martyre.**

Amoureux de sa femme, menant une existence rangée dans leur coquette maison de banlieue entourée de fleurs, Paul évite les sorties mondaines, les réceptions. Mais cette vie très sage n'écarte en rien le rêve puisque l'idée de faire de la politique active finit par s'imposer à lui de façon si impérative qu'il décide un beau jour de faire le saut et de se présenter à l'échevinage de la ville de Laval. Peut-être ce goût de la politique avait-il été acquis au contact du curé Labelle lors des discussions passionnantes qu'il avait avec son secrétaire et ami le pamphlétaire Arthur Buies. Il faut dire que depuis longtemps la politique passionnait Paul Desmarteaux, reconnu pour son franc-parler, car il ne craignait pas d'exprimer tout haut ses idées. Ce qui fait qu'un jour il passe des paroles aux actes et tente de se faire élire pour représenter son quartier de Fabreville et mettre de l'avant les idées de réforme qui lui tiennent à cœur.

Victime d'un balayage libéral, il ne se laisse pas abattre par la défaite, car il a la ferme intention de se représenter aux prochaines élections afin de pouvoir travailler au bien de la communauté dans laquelle il vit. Mais le destin n'écoute pas toujours les désirs des hommes et il frappe quand bon lui semble.

Si Paul Desmarteaux entre un jour dans l'histoire politique, ce sera sans aucun doute grâce à sa magistrale interprétation du Curé Labelle, dont il a mieux fait connaître l'histoire ainsi que la légende.

Rolande Désormeaux

CARRIÈRE FULGURANTE

L'histoire commence en 1938 alors qu'adolescente heureuse Rolande Desormeaux étudie très sérieusement l'accordéon. Pour son plaisir, elle chante des chansons populaires sans songer pour autant à se perfectionner dans ce domaine.

Soudain, le hasard la place sur la route qui peut mener à une carrière, et possiblement au succès. En se présentant au micro de CKAC, elle a la chance de se faire proposer de jouer à l'émission **Sans cérémonie,** où un réalisateur va la remarquer et lui offrir l'occasion de chanter au programme **Les Chansons de...** C'est ainsi que tout débute pour Rolande, qui prend alors la décision d'aller étudier chez Jeanne Maubourg et aussi de prendre des cours chez Marazza.

Très vite, elle décroche des engagements dans les cabarets, où sa jolie frimousse, son élégance et son talent lui conquièrent le cœur des spectateurs. Pendant la guerre, elle fait la tournée des camps militaires, jouant de l'accordéon et chantant pour ces recrues qui bientôt partiront au front. Lors d'une représentation, elle fait la connaissance de Paul Langlais, qui décide de lui donner sa chance en l'engageant dans l'équipe des **Joyeux Troubadours,** groupe fort populaire auprès des auditeurs de Radio-Canada.

À la fin de la guerre, on offre à la jeune artiste de 18 ans l'occasion de partir pour un voyage de huit mois en Europe avec l'Army Show, qui doit faire la tournée des camps où séjournent les soldats canadiens. Rolande refuse cette offre intéressante car elle est follement amoureuse du chanteur Robert L'Herbier, qu'elle doit épouser dans quelques semaines.

À compter du jour de leurs épousailles, Rolande et Robert vont chanter en duo. Au cours des années, aussi bien à la radio qu'à la télévision, ils auront des séries d'émissions fort populaires. Conjointement, ils vont enregistrer plusieurs disques. Pendant un certain temps, le couple dirige une école où sont enseignés le piano, l'accordéon, le chant et le solfège.

Le succès couronne le travail de Rolande, qui en 1948 se voit décerner le trophée Laflèche et est couronnée reine de la radio.

Ces honneurs ne la détournent cependant pas de sa vie familiale, car, ne prisant pas les sorties mondaines, Rolande s'empresse de revenir au foyer, aussitôt son travail terminé, où l'attendent deux jolis enfants qui lui tiennent à cœur. À part quelques soirées au théâtre et au concert, elle consacre ses temps libres à la lecture, à l'audition de disques et à la décoration de la confortable maison de Duvernay, qui est située presque au bord de la rivière des Prairies.

Alors que tout semblait sourire à cette femme qui venait d'atteindre l'âge du plein épanouissement, Rolande Désormeaux décide soudain d'abandonner sa carrière, car elle vient d'apprendre qu'elle est atteinte d'un mal incurable. Elle consacre les derniers mois de sa vie à son mari, à Benoît, qui est âgé de 11 ans, et à François, qui n'en n'a que 5.

Tous ceux qui l'ont aimée, et ils sont nombreux, ont gardé de Rolande le souvenir de son sourire radieux et de ses yeux brillants, qui jamais ne sauraient vieillir.

Jean Desprez

UN NOM D'HOMME POUR S'IMPOSER

Excessive, fantasque, extravagante, généreuse, charmante, directe, superbe, voici quelques-uns des qualificatifs utilisés pour décrire Jean Desprez.

Laurette Larocque a vu le jour à Hull en 1906; sa mère était institutrice et son père libraire de sorte que, très jeune, elle a pu s'ouvrir au monde littéraire. À 22 ans, après avoir travaillé quelque temps aux côtés de son père, tout en consacrant ses loisirs à jouer dans une troupe de théâtre amateur, la jeune femme part pour Paris où, durant trois ans, elle étudie avec l'idée de se préparer à une double carrière, celle de metteur en scène et celle d'enseignante.

Au début des années 30, elle épouse le comédien Jacques Auger. De retour au Canada, elle fonde des écoles d'art dramatique à Montréal et à Ottawa. Tout en s'occupant de mise en scène au théâtre, elle joue en vedette dans le radioroman **Vie de famille.** De par ses études, ses goûts et son tempérament, elle aurait préféré s'occuper uniquement de direction de théâtre et d'enseignement car, disait-elle, «je suis beaucoup plus pédagogue que comédienne ou auteur. Mais on crevait de faim à mes débuts, il a bien fallu que je renonce à toutes ces ambitions-là.»

Soudain, Laurette Larocque Auger abandonne son nom pour prendre le pseudonyme de Jean Desprez. Et pourquoi cette soudaine décision? Parce qu'elle avait constaté que, dans les milieux radiophoniques, on ne prenait pas au sérieux les projets soumis par une femme. Sans explication, on lui retournait ses textes. Convaincue que ses idées d'émissions avaient une certaine valeur, elle décida un jour d'envoyer à Radio-Canada un projet signé d'un pseudonyme, ce qui la mettrait à l'abri des préjugés. Cette femme avait vu juste puisque le projet de Jean Desprez fut accepté sans soulever de problèmes.

Comment définir Jean Desprez à compter de ce moment? «Je suis une journaliste, un dramaturge et un scripteur; je suis les trois et ni l'un ni l'autre puisque je me considère comme une marchande d'idées sous une forme ou sous une autre.» Elle allait maintenant signer une quantité incroyable de textes destinés à la radio: plus de 160 adaptations de pièces de théâtre, deux séries d'émissions pour enfants, des séries radiophoniques, dont plusieurs ont duré plus de 20 ans; également, il y a eu des séries télévisées, quatre pièces de théâtre, un roman. Aussi, elle a préparé et animé un courrier destiné aux téléspectateurs; pendant de nombreuses années, elle a signé une chronique dans *Télé-Radiomonde*; elle a publié quelque 75 nouvelles dans les journaux et les revues, et plus de 250 critiques dramatiques.

Jamais Jean Desprez ne semblait trouver le temps pour penser à elle, sinon pendant deux courtes semaines à chaque année alors qu'elle s'envolait vers une destination soleil en emmenant celle qu'elle appelait «mon adoration», sa fille Jacqueline Auger. Le plus beau souvenir de Laurette Larocque? «La naissance de ma fille, que j'ai voulu voir naître.»

En 1963, à une journaliste qui lui demandait si elle était heureuse, elle avait ainsi répondu: «J'ai réussi deux choses extrêmement importantes dans ma vie: ma fille, que j'adore et qui me le rend bien, et l'organisation de ma vie, c'est-à-dire mon travail; donc, je suis heureuse.»

Il ne faudrait tout de même pas s'imaginer que tout était parfait pour ce bourreau de travail. Jean Desprez a connu quelques échecs, dont le plus retentissant fut sans doute celui de **La Cathédrale,** cette pièce que les critiques démolirent sans tenir compte du travail de l'auteure, des comédiens ou de toute l'équipe technique. «Je crois que cette pièce était mal construite. Pourquoi? C'est parce que j'ai voulu donner au metteur en scène que j'étais une matière formidable de déploiement et de caractères à exploiter. Alors j'ai écrit une mauvaise pièce à cause de mes ambitions de metteur en scène.»

Persuadée du bien-fondé de ses idées, cette femme a vécu pleinement les 57 années de sa vie. Elle disait œuvrer pour l'éducation des masses. En répondant aux critiques qui lui reprochaient de faire continuellement de la morale, elle disait: «Dans ce damné pays, des tas de gens enseignent depuis toujours ce qu'on ne doit pas faire... mais n'osent jamais dire ce qu'on doit faire. Il est vrai que les héroïnes de **Jeunesse dorée** et de **Joie de vivre** moralisent beaucoup, mais elles font face aux véritables problèmes, les affrontent, et prennent joie à les résoudre.» Et l'auteure disait trouver les gens de sa province formidables d'avoir pu autant évoluer en aussi peu d'années.

Chaque semaine, venant de tous les coins de la province, Jean Desprez recevait tout près d'un millier de lettres; son public, qui l'écoutait avec ferveur, savait lui dire à sa façon son amour et son désir de la suivre dans une démarche toute autre que celle qu'on leur avait imposée depuis trop longtemps.

Et pour terminer, voici un extrait d'un poème de Jean Desprez:

> J'aime la vie, la chaleur, la bonté
> J'aime le soleil, la couleur, la beauté
> J'aime donner
> recevoir me paralyse
> Je ne sais pas comment dire merci
> Je ne sais pas comment
> offrir mes sympathies
> Je suis incapable de voir pleurer...

Réjane Des Rameaux

8000 LETTRES PAR ANNÉE...

À 16 ans, elle soumet audacieusement deux projets dans divers postes de radio à New York. Et ça marche! Elle écrit deux séries d'émissions (sur la légende de **La Marseillaise** et le centenaire de la mort de l'Aiglon) pour la NBC.

Sa mère possédait une propriété à New York. Si bien que Réjane Des Rameaux fait en même temps ses débuts au théâtre d'Éva Le Gallien, qui avait fondé le Civic Repertory Theatre sur la 6e avenue et qui devait plus tard venir jouer **L'Aiglon** à Montréal.

Le Québec doit certainement présenter des attraits hors de l'ordinaire puisque cette jeune artiste déjà en cours de carrière à New York décide de rentrer à Montréal dès 1928, alors que Radio-Canada n'existait même pas encore tout à fait...

«Radio-Canada existait tout de même un peu... Mais c'était la propriété, à l'époque, de Canadian Railway. Les studios se trouvaient installés dans le King's Hall Building et c'est mademoiselle Mooney qui engageait.»

La jeune comédienne-scripteure participa donc aux premières émissions de la future société d'État. On offrait aux auditeurs des versions de l'histoire du Canada; on jouait **L'Aiglon**, **Cyrano de Bergerac**. Et du grand guignol, très à la mode à Paris.

Plus tard, en 1933, Radio-Canada ayant enfin ses lettres patentes, Réjane Des Rameaux devenait l'âme de l'émission **Courrier-confidences**. Il s'agit du premier courrier du cœur en ondes au Québec.

«J'écrivais mes réponses avant l'émission. Je ne voulais pas improviser en ondes, face à des problèmes humains souvent délicats. À cette époque, je recevais 8 000 lettres par année. Cela a duré huit ans.»

Sous le pseudonyme Réjane Simon, elle jouait en anglais et en français au Montreal Theatre, fondé par la millionnaire Martha Allan et dirigé par Henri Letondal. Ses partenaires portaient déjà fièrement leur nom: Mario Duliani, Judith Jasmin, François Bertrand, Ernest Pallascio-Morin. Gratien Gélinas y présentait des monologues.

«Le spectacle commençait tard, vers les dix heures. Le théâtre se trouvait perché au dernier étage de l'ancien édifice Morgan. C'était une salle rudimentaire. Il fallait voir la belle société en manteaux d'hermine et le maire Camilien Houde assister au spectacle. Le spectacle était autant dans la salle que sur la scène!»

Plus tard, Réjane Des Rameaux respectera avec enthousiasme un contrat de dix ans, à la télévision de Radio-Canada, dans **Les Belles Histoires des pays d'En-Haut**. Elle sera l'ineffable Georgianna, portant la culotte et gardant serrés les cordons de la bourse dans son ménage avec le dissipé Thodore Bouchonneau!

Avec une âme de missionnaire, et si loin de l'Afrique; avec le goût d'une «énorme» famille, et pourtant mère d'une fille unique vivant à Seattle... elle reprit en main un «courrier du cœur» qu'elle rendit célèbre pendant plusieurs années dans les pages du *Journal de Montréal*.

Réjane Des Rameaux a toujours eu réponse à tout!

Nana de Varennes

MILLE ET UN EMPLOIS

En partant à la recherche du passé de Nana de Varennes, sans doute peut-on facilement retrouver la silhouette de la mémère dans **Quelle famille.** En remontant un peu plus loin, on peut apercevoir la cousine de Pot-au-Beurre du **Survenant** ou encore Démerise, la femme du Père Gédéon, qui, même après son décès, revenait sans cesse troubler les rêves de son «courailleux» de mari dans **La Famille Plouffe.**

Loin, très loin dans le passé, à Saint-Roch-de-l'Achigan, en 1887, vient au monde une mignonne enfant sur laquelle les fées du spectacle se sont sans doute penchées puisqu'à peine âgée de 16 ans la jeune Nana débutait sur une scène et qu'à compter de ce jour-là, jusqu'au grand départ en 1980, elle est demeurée fidèle à ses amours.

Grâce à la magie du souvenir, nous la retrouvons au matin de son 90e anniversaire dans sa maison, témoin de tant d'événements. Pour tous ceux qui l'ont aimée, elle évoque un passé très riche.

Nana de Varennes, c'est une grande dame aux yeux pétillants de malice. Elle va, vient, trottine, incapable de tenir longtemps en place. Elle fait encore toutes sortes de petites tâches ménagères, elle lit, elle reçoit des amis et elle revit ses belles années de comédienne en regardant les albums de photos ainsi que les nombreux programmes de théâtre, qui se transforment en un grand film où se déroule ce passé toujours présent pour Nana, qui est douée d'une mémoire prodigieuse. Toute délicate, avec l'air de se moquer de tout et de rien, elle raconte qu'elle n'a pu changer ses habitudes, car elle craint l'oisiveté qui risquerait de la faire vieillir.

Nana de Varennes avait 17 ans au jour de sa rencontre avec celui qui allait devenir son mari. Il s'agissait de Roméo Varennes, acteur et chanteur qui demeurait en face de chez elle, rue Montcalm. Avec lui, elle a fait de nombreuses tournées, ce qui ne l'a aucunement empêchée de mettre au monde six enfants; tous ont fait du théâtre quand ils étaient jeunes. Nana de Varennes raconte que dans la pièce traduite de **Over the Hill,** elle devenait la sœur aînée de ses enfants et d'un neveu qu'elle élevait.

Jamais cette femme ne se plaignait d'être fatiguée ou débordée de travail; et pourtant, au cours d'une même journée, elle pouvait jouer un rôle au théâtre, agir comme souffleuse et comme habilleuse, coudre des costumes pour les acteurs, faire la couture des enfants, cuisiner, faire le ménage. «Bien sûr, il m'arrivait d'être de mauvaise humeur, d'être mécontente, mais j'évitais de le laisser voir de crainte de vieillir, de me faire des rides et surtout de perdre l'amitié de mes amis. Ce serait mentir d'affirmer que je n'ai jamais eu de problèmes, car personne ne peut se vanter d'avoir été heureux toute sa vie. Mais j'avais ce qui pour moi est très important: la santé.»

«À un certain moment, j'ai eu ma propre troupe, composée d'acteurs qui n'avaient pas la chance de jouer. En faisant moi-même le "booking" je réussissais à les envoyer en tournée jusqu'à quatre fois par semaine. Vous imaginez bien que je ne faisais pas d'argent avec une telle organisation, mais j'étais heureuse de pouvoir aider mes camarades. Pendant ce temps, pour boucler mon budget, en plus de jouer au théâtre je travaillais comme caissière au Stella, où je réussissais à me faire jusqu'à 35 dollars par semaine.»

Nana de Varennes évoque des souvenirs d'une époque un peu moins lointaine, celle des séries radiophoniques, des séries télévisées, des téléthéâtres ainsi que des premières productions de cinéma, où elle a tenu un nombre presque incalculable de rôles.

Grâce à sa faculté d'émerveillement, cette femme a réussi à traverser les difficultés de la vie sans en éprouver d'amertume. Nana de Varennes a vécu une existence bien remplie, toute pleine d'amour, de dévouement, une vie dont les deux pôles ont été la famille et le métier.

Lucie de Vienne-Blanc

CARRIÈRE INTERNATIONALE

Des gens, ayant eu l'occasion de travailler régulièrement près d'elle, disaient de madame de Vienne: «C'est une femme d'une grande intelligence et d'une lucidité remarquable. C'est une personne généreuse, chaleureuse, entière, fascinante.»

Lucie de Vienne vient au monde à Paris; son père est Français et sa mère, Belge. Elle va passer une partie de son enfance et de sa jeunesse à Pékin, où son père détient le poste d'ingénieur en chef des chemins de fer. Ce père prévoyant l'envoie à Paris y poursuivre ses études supérieures, car il tient à ce que sa fille se taille une carrière intéressante afin, assure-t-il, qu'elle acquière l'indépendance financière, clé d'une vie heureuse.

Des années plus tard, Lucie de Vienne s'est déjà aventurée dans plusieurs domaines, travaillant dans chacun d'eux sans jamais faire de concessions à la facilité. Tour à tour, on la retrouve comme cantatrice, spécialiste de la voix, professeure, comédienne, écrivaine. Cette variété dans le travail et dans les responsabilités va-t-elle lui donner le bonheur, comme le souhaitait son père?

Évidemment, à l'instar de tout être humain, elle a eu des moments difficiles à traverser. C'est en analysant brièvement son passé qu'elle se confiait ainsi à une journaliste: «Alors que j'étais enfant, mes parents ne s'entendaient pas bien et moi je me sentais de trop lorsque je me retrouvais en leur compagnie. Plus tard, lors de leur séparation, j'ai dû travailler fort pour gagner ma vie et celle de ma mère.» Et l'amour, l'a-t-elle souvent rencontré sur sa route? «Je n'ai aimé qu'un seul homme. J'ai épousé l'homme que j'aimais, mais, comme par trois fois il a essayé de me tuer, à la troisième tentative je suis partie de la maison. Il n'était pas vraiment méchant, mais, ensemble, nous étions comme deux fauves en cage.»

C'est la guerre qui va mettre fin à la carrière de chanteuse classique de Lucie de Vienne, qui décide alors de quitter la France afin d'émigrer aux États-Unis. À New York, elle obtient un emploi au sein de l'ONU; ses importantes fonctions vont plus tard l'amener à parcourir plusieurs pays européens. Mais, avant, elle aura l'occasion et la chance de servir de secrétaire particulière au général de Gaulle pendant les semaines qu'il va passer à Washington. Elle vouait à cet homme une admiration sans borne.

Pendant son séjour aux États-Unis, afin de se retremper dans une atmosphère française, elle vient régulièrement au Québec, où elle a de bons amis. En 1949, elle décide de quitter New York pour s'installer à Montréal. «Je n'ai jamais regretté cette décision car je me sens utile ici. Et puis je m'y sens bien, on ne me traite pas en étrangère, on ne m'a jamais dit de retourner d'où je venais. Aussi, il faut dire que je n'ai jamais joué à la snob.»

Dès son arrivée, elle ouvre une école où elle enseigne aux comédiennes et aux comédiens l'art de s'exprimer sans accent ainsi que la façon de vaincre les difficultés de la prononciation. En commençant à enseigner, elle avait découvert sa véritable vocation, si bien qu'elle ne regrettait en rien l'abandon de sa carrière de chanteuse. Elle fut, dit-on, un professeur patient, compétent, attentif pour un très grand nombre d'étudiants de tout âge. Plus tard, elle allait consacrer presque tout son temps à tenter d'aider les enfants souffrant de dyslexie, cette maladie qui se traduit par des troubles d'apprentissage de la langue parlée et écrite. Afin de traiter ce sujet plus en profondeur, elle a écrit plusieurs ouvrages, qui ont été publiés à Montréal, à Paris et à New York.

Cette femme semble avoir trouvé paix et joie dans une vie professionnelle tellement diversifiée, où le succès semble toujours avoir été au rendez-vous.

Lors de son décès en janvier 1973, pour des milliers de téléspectateurs c'était Madame Velder qui partait en même temps que madame Lucie de Vienne-Blanc.

Colette Devlin

DE HULL À SAINT-DOMINGUE

Longue et blonde dans ses pulls noirs à col roulé, du temps de **Colette et ses copains** à ses débuts à la télévision de Radio-Canada, Colette Devlin a toujours parcouru simultanément les sentiers de la chanson, du théâtre et de l'animation.

Géraldine Lafontaine de **La Pension Velder** se retrouva **En pièces détachées** grâce à Michel Tremblay, dans **Le Portrait,** de Minou Pétrowski, servant merveilleusement **Le Témoin,** de Pierre Dagenais, **La Mercière assassinée,** d'Anne Hébert, dans le cadre de **Quatuor,** de **Scénario** ou des **Beaux Dimanches.**

Mais c'est à la radio d'État que Colette Devlin réussit surtout à laisser son empreinte depuis 1964, moment où elle se joignait à l'équipe des annonceurs permanents de Radio-Canada, à proximité de son «frangin» Pierre Duffault, mandaté aux sports.

À l'aise devant les micros, chaude, spontanée, rieuse et vive, son talent et son goût de vivre enchantent une multitude d'émissions, **Sur la corde à linge, Si femme savait, Montréal-Express, À l'antenne, Colette Devlin,** etc.

En 1976, amoureuse de la vie et du soleil des îles du Sud, elle quittait l'antenne de CBF pour s'installer dans le séduisant décor de Saint-Domingue...

Henry Deyglun

UNE PRODUCTION PHÉNOMÉNALE

Vie de famille, Les Secrets du docteur Morhange... Sans doute ces titres éveillent-ils des échos dans la mémoire de certains des milliers d'auditeurs qui, pendant des années, se sont fidèlement retrouvés à l'écoute de ces radioromans signés Henry Deyglun.

D'où nous est venu cet homme énergique et enthousiaste? Son village natal est situé dans une vallée des Alpes-de-Haute-Provence, berceau de sa famille, des meuniers «dont le moulin était perché au-dessus du village, un peu comme un nid d'aigle; d'ailleurs, c'est de là que vient le nom des ancêtres puisque, initialement, Deyglun s'écrivait d'Ayglun».

En 1913, alors qu'il fait ses études à Paris, le jeune homme réussit à gagner quelques francs en composant des fables express, qu'il présente ensuite devant les clients du Lapin agile, célèbre cabaret de Montmartre. Lorsque survient la guerre de 1914, l'étudiant, qui faisait des études d'officier de marine, s'engage pour la durée du conflit. Une fois la paix revenue, ayant perdu le goût des longues études, il se met à fréquenter les cafés où se regroupent les artistes de la nouvelle vague. Pendant de longues heures, il se mêle à ceux qui discutent de mise en scène, de jeu, d'écriture dramatique, de roman, de peinture. Il découvre assez vite qu'il ne partage guère les idées des réalisateurs, qui prennent le dessus sur les auteurs et les acteurs. Déçu, il décide d'aller tenter de nouvelles expériences ailleurs et il s'embarque donc pour le Canada.

En 1921, dès son arrivée à Montréal, Henry Deyglun se mêle aux gens de scène, il s'y fait vite de nombreux amis. Enthousiaste, débordant d'énergie, il se met aussitôt à l'œuvre aussi bien comme comédien que comme auteur. C'est un temps faste pour le monde du spectacle car, seulement à Montréal, il y a 14 théâtres qui présentent ou des pièces de répertoire ou du vaudeville.

Bientôt, Henry Deyglun commence à organiser des tournées à travers le Québec, l'Est canadien et la Nouvelle-Angleterre, enfin partout où il peut trouver un public parlant le français.

Ce travailleur acharné pouvait écrire une pièce en moins de 15 jours. Sa production littéraire apparaît phénoménale, si l'on songe qu'au cours de sa carrière il a écrit au moins 70 pièces de théâtre, des textes dramatiques pour la radio, d'innombrables nouvelles, des romans, des scénarios de films, des livrets d'opérette, de la poésie. Soulignons que certains de ses poèmes ont été mis en musique et ont été chantés par Jean Clément.

L'année 1922 marque l'apparition des émissions radiophoniques en provenance de Montréal, mais ce n'est qu'en 1929, alors que la programmation se fait plus régulière, qu'Henry Deyglun commence à travailler au micro avec Ovila Légaré, Albert Duquesne, Jeanne Demons... Puis arrive l'époque de **Vie de famille**, qui allait connaître une très longue existence, dépassant les 3 000 émissions.

Vers le milieu des années 50, Henry Deyglun quitte la métropole pour se retrouver plus près de la nature. Il s'installe dans le calme de l'Anse-à-Vaudreuil, à proximité du lac des Deux-Montagnes. Là, en toute tranquillité, il pourra lire, écrire, travailler à un rythme moins rapide que celui qu'il avait maintenu au cours des 30 dernières années. Ses amis, ses camarades ainsi que des artistes français de passage au Québec vont bientôt trouver le chemin menant à cette maison hospitalière. Il arrive à l'artiste de se transformer en cuisinier, car, dit-on, il possède le talent de mijoter pour ses invités des plats d'une grande finesse.

On peut certainement dire d'Henry Deyglun qu'il a été parmi les auteurs les plus prolifiques du pays. Son dynamisme a certainement été à l'origine de plus d'une carrière de vedette.

Serge Deyglun

QUAND LES POÈTES
TUENT PROPREMENT

«Cinq pieds deux, les yeux bleus... avez-vous vu ma blonde?»

Ce «tube» des années 50 porte la griffe du chansonnier et humoriste Serge Deyglun. Mais il y a aussi Serge Deyglun comédien, poète. Et Serge Deyglun marin. Et le journaliste. Le chroniqueur de chasse et de pêche, ardent défenseur de la nature malgré tout, écologiste avant le terme.

Si bien qu'il est impensable de lui coller une étiquette bien nette au collet. D'autant plus qu'il n'était pas du genre à rester sur les tablettes.

Serge Deyglun est le type de créateur, homme libre, qui a su affirmer sa personnalité multiple, l'une des plus attachantes du monde des communications au Québec.

Il a débuté comme comédien dès l'âge de six ans avec ses parents Henry Deyglun et Mimi D'Estée dans la fameuse troupe Barry-Duquesne, où il jouait les petits rôles d'occasion. Malgré le rythme trépidant de la vie de tournée et des spectacles au Monument national, cet enfant de la balle réussit à décrocher un baccalauréat au réputé collège Stanislas, à Outremont.

Il écrit d'abord des contes et des nouvelles; signe des reportages dans *Le Petit Journal, Photo-Journal, La Patrie* et *La Revue populaire* avant de s'engager dans la marine marchande. En 1949, pendant 18 mois, sur un cargo naviguant vers les Antilles, il est marin de pont, puis soutier et chauffeur dans la cale.

De retour sur le plancher des vaches, avec encore quelques taches de charbon sur le bout du nez, il met le cap sur Sudbury, pays minier. Période pourtant pas si noire que ça puisqu'il accepte un engagement comme annonceur au poste de radio de Sudbury. L'année suivante, il occupera les mêmes fonctions, mais à Montréal, au poste CHLP.

À la même époque, il fréquente la scène des cabarets les plus «in» en ville, le Saint-Germain-des-Prés, le Quartier latin et le Faisan doré. Armé de monologues et de chansons farcis d'humour, il décroche en 1954 un contrat d'un an à Paris, rive gauche. À L'Écluse, une boîte de prédilection des nombreux artistes québécois de passage en France.

Comment oublier son retour à la télévision de Radio-Canada? L'exquise série pour enfants **Petit pêcheur deviendra grand** allait tenir lieu de prophétie, en quelque sorte, puisque quelques années plus tard Serge Deyglun devenait chroniqueur de chasse et pêche au journal quotidien *La Presse* et simultanément animateur d'une émission hebdomadaire intitulée **Chasse et pêche**.

Grand adepte lui-même de ces deux sports, Serge Deyglun connaît tous les secrets de la faune au Québec. Il a étudié la géographie de la chasse et de la pêche. Il connaît les coins propices, les mœurs du gibier et du poisson. Il fréquente les biologistes, vétérinaires et propriétaires de clubs privés. Les techniques modernes, les armes les plus perfectionnées n'ont plus de secret pour lui.

«Il est un principe que je défends depuis toujours. Puisqu'un chasseur doit tuer, il faut qu'il apprenne à tuer proprement. On ne doit plus assister à ces carnages d'animaux qui font la honte des véritables sportifs.»

Pionnier de l'écologie au Québec (bien que chasseur!), Serge Deyglun est l'un des premiers et des plus ardents défenseurs des phoques des îles de la Madeleine. Dans un film, **Massacre des innocents**, il lance l'alerte dans les couloirs des parlements du Québec et du Canada, en 1965.

Avec le même acharnement, il se lance dans une campagne relative à l'épuration des eaux, en 1966.

«Que tous les gouvernements fassent vite une loi qui oblige chaque industriel à faire son devoir vis-à-vis de la pollution des eaux. Les industries n'iront pas ailleurs pour autant. Elles se sont installées là où elles trouvaient des matières, de la main-d'œuvre et autres avantages à bon prix. Les industries elles-mêmes risquent d'être privées de leur source d'approvisionnement en eau, avant long-temps.» Et dire que ce discours est encore aujourd'hui d'actualité!

Auteur d'un recueil de poésie, **Né en trompette**, il a aussi écrit **Escales** et **Gare aux loups**.

Avant de partir de façon définitive, Serge Deyglun avait prévenu ses amours et ses amis: «Ce jour-là, fêtez tout votre saoûl en mon honneur. Comme si j'y étais!»

Ce fut, en fait, l'un des plus joyeux «party» de la colonie artistique. Inoubliable, ses amis vous le diront...

Denis Drouin

DENIS DROUIN...
UN GARS STRAIGHT!

C'est le metteur en scène André Brassard qui a ramené Denis Drouin au théâtre, au début des années 70, en lui offrant de jouer au théâtre de Quat'sous dans **Et mademoiselle Roberge boit un peu**, une pièce de Zindel adaptée par Michel Tremblay. «Je pensais que ça faisait 15 ans que je n'avais pas fait de théâtre. Mais je me suis rendu compte que ça faisait encore plus longtemps que ça parce que mes enfants — qui sont de grands enfants — ne m'ont jamais vu jouer!»

Le temps du théâtre, pour Denis Drouin, remontait à l'époque de L'Arcade où, durant l'été, il effectuait des tournées en province avec Jean Duceppe et Janine Sutto.

À la fermeture de L'Arcade en 1953, c'est le cabaret (Quartier latin, Café de l'Est) qui l'avait accaparé. Sur scène. Parce qu'à la radio, les feuilletons qu'on appelait volontiers «romans-savon» se passaient difficilement de sa présence. À CBF, Denis Drouin fait la tournée des grands ducs: **Rue Principale, Métropole, Le Curé de village, Les Soirées de chez nous**.

À la télévision, il fera partie de **La Pension Velder**, jouera dans **Le Paradis terrestre, La Petite Semaine** et dans un téléthéâtre de Marcel Dubé, **Paradis perdu**.

Il reste que Denis Drouin a été catalogué «fantaisiste» en lettres de feu.

À travers ses 40 ans de métier, d'artiste à tout faire (théâtre, chanson, cabaret, music-hall, opérette, animation), du **Coq-à-l'âne** aux **Bye-bye** en passant par **Pique atout, Zéro de conduite, Cré Basile, Symphorien, À la branche d'Olivier, Smash**, il nous a fait rire aux éclats plus souvent qu'il nous a fait pleurer.

Denis Drouin est aussi l'un de ces artistes venus du cabaret parmi les plus en demande à la radio et à la télévision de Radio-Canada. C'est dire que même à une époque fort puritaine, Denis Drouin possède suffisamment de cordes à son arc pour s'adapter à tous les décors.

Son statut de «straight man» en tandem avec Olivier Guimond lui a valu, bien sûr, une étiquette tenace, quasi indélébile...

«Je ne m'en plains pas. J'adore le rôle de «straight-man». Je le trouve important, sinon le plus important, à l'intérieur d'un tandem. C'est sur le «straight man» que tient le succès, bien souvent, d'un numéro. C'est lui qui tend la perche et qui amène la situation à provoquer le rire.»

Pilier au cabaret avec Paul Berval du célèbre Beû-qui-rit, excellent acteur au cinéma québécois dans **Le p'tit vient vite, O.K... Laliberté, Il était une fois dans l'Est**, dans **Taureau,** etc. Denis Drouin confiait volontiers à son entourage le peu d'enthousiasme qu'il éprouvait face aux grands rôles de composition. Encore là, il préférait un jeu direct. Straight!

«J'aime jouer des personnages toujours un peu dans ma nature.»

Après que Brassard eût rafraîchi la mémoire aux producteurs de théâtre quant à l'attrait de Denis Drouin pour les planches, la demande des grandes compagnies se fait plus pressante. Mais Denis Drouin n'est pas pressé!

Indépendant de fortune, il choisit minutieusement ses morceaux: **L'Année du championnat** avec la Compagnie Jean Duceppe, **Septième commandement** avec la compagnie de Paul Buissonneau. Les deux pièces le conduisent à la Place des arts.

Père de quatre enfants et sportif entre les repas. Amateur de golf, il fournit un coup de «pub» fort dynamique à ses concitoyens estivaux de Saint-Jean-de-Matha en présidant des tournois de golf dont les profits vont aux bonnes œuvres.

Fervent de la motoneige, il devient officiellement le porte-parole de la compagnie Bombardier et participe en grande pompe, malgré une récente intervention chirurgicale au poumon, au fameux Jamboree de l'Association des motoneigistes du Québec à Sainte-Marguerite-du-Lac-Masson, le 21 janvier 1978.

La dernière fête!

Carl Dubuc

SCRIPTEUR, AUTEUR, CHRONIQUEUR ET... HUMORISTE

Les **Doléances du notaire Poupart** devient son premier succès de librairie, avec plus de 10 000 exemplaires vendus en quelques mois. Scripteur à Radio-Canada, chroniqueur à l'émission **Au lendemain de la veille**, il acquiert une fameuse renommée comme humoriste à la radio de CBF par le biais de **Métro-Magazine**.

Il collabore au *Nouveau Journal*, à *Maclean*, *Châtelaine*, *Perspectives*, au journal *Le Devoir* et au *Jour*, pendant que sa femme, Madeleine Dubuc, poursuit sa carrière de journaliste à *La Presse*.

Ils auront trois enfants.

Annonceur et intervieweur, Carl Dubuc collabore aux émissions d'actualité **Carrefour** et d'actualité humoristique **Le Plus Beau de l'histoire**, étoffant aussi plusieurs **Dossiers** sans cesser de jouer des tours tout à fait désopilants aux **Insolences d'une caméra**.

Pendant l'été de 1975, il avait conçu et animé la série radiophonique **Noir sur blanc**, à Radio-Canada, tout juste avant de nous quitter subitement, âgé de 50 ans à peine...

Camille Ducharme

LA FIERTÉ AVAIT SON ACTEUR

Il n'a jamais aimé dire son âge...

Tout de même, il faut bien dire qu'il avait débuté avec la troupe Barry-Duquesne au théâtre Stella; c'était en 19... Et qu'il fut de la distribution de **Jeunesse dorée, Un homme et son péché, Le Curé de village, La Famille Plouffe**, d'un nombre incalculable de **Radio-Théâtre** et de **Nouveautés dramatiques**. Ça remonte à... Avec sa première femme (il n'en a eu que deux, rien à voir avec Barbe-Bleue!), Vanna Ducharme, il a signé comme auteur quelques émissions dramatiques présentées à CBF, réalisées par Judith Jasmin (oui, l'unique) et Bernard Hogue (le Clément Latour interprète d'Amable dans **Le Survenant**).

À la télévision de Radio-Canada, il fait partie de la distribution de tous les téléthéâtres, ou presque. Puis, de 1956 à 1970, Camille Ducharme joue divinement dans **Les Belles Histoires des pays d'En-Haut** ce personnage précieux et sympathique qu'on appelle le notaire Lepotiron.

Cultivé, poète et fantaisiste, toujours élégant et défenseur des bonnes manières, respectueux auprès des dames, Camille Ducharme était un homme fier, de belle souche.

Acteur impeccable, il a joué avec souplesse tous les personnages imaginables, du chirurgien au général allemand en passant par les poètes, les inquisiteurs, les maîtres d'hôtel, etc. Et ce, pendant plus de 40 ans. Sans creux de vague, sans période d'oubli. Au moment de prendre le grand train qui mène à l'au-delà, il jouait encore un amoureux dans **Les Moineau et les Pinson** à la télévision privée.

Comme le dit cette chanson de Ferland: «Il avait le cœur usé mais plus tendre qu'avant...»

107

Pierre Dufresne

UN HOMME DE LA NATURE

À l'évocation du nom de Pierre Dufresne, la première image qui surgit dans le bouillonnement des souvenirs est celle de Joseph-Arthur du **Temps d'une paix,** le chéri de Rose-Anna, et aussi celui de bien des téléspectateurs. Cependant, ce merveilleux personnage ne devrait pas pour autant jeter le voile de l'oubli sur le passé où s'entremêlent les rôles qu'a tenus le comédien pour le plus grand plaisir des adultes aussi bien que des enfants.

Pour Pierre Dufresne, tout débute à Outremont, au sein d'une famille où la musique et le chant tiennent une place de choix. Doué d'une jolie voix de soprano, le jeune Pierre charme les paroissiens qui vont l'écouter chanter à l'église. Cependant, un goût irrésistible pour les sports et les exercices physiques lui fait préférer la vie au grand air à la pratique du chant. Au cours de ses études, il croit avoir trouvé sa vocation car, de tout cœur, il désire devenir cultivateur. Ce désir est sérieux au point où il s'inscrit à l'École d'agriculture d'Oka. Mais, au bout de 18 mois, il se rend compte qu'il a surtout le goût de la vie au grand air, qu'il a besoin de faire quelque chose de ses mains, de ses bras, qu'il aime profondément la nature, mais pas nécessairement le travail de la terre.

En quittant l'École d'agriculture, il n'a pas encore eu le temps de se découvrir une autre vocation lorsque le hasard se charge de le placer dans la bonne direction. Pierre entre à Radio-Canada comme messager au Service international. En écoutant ses aînés s'adresser au micro à des milliers d'auditeurs, il est pris du désir d'en faire autant. Il s'en va donc travailler comme annonceur à CJSO, le poste de Sorel. Un an plus tard, le voilà rendu à New Carlisle; il passe quatre merveilleuses années dans ce coin de la Gaspésie, que dorénavant il va considérer comme sa véritable patrie. Un peu plus tard, alors qu'il fera partie de la distribution de **Rue de l'Anse,** il aura l'occasion de séjourner quatre étés de suite aux Méchins. Mais, avant d'en arriver là, il devra encore travailler quelques années au poste CKCH de Hull. C'est dans cette ville qu'il fera vraiment ses débuts sur la scène avec la troupe du Pont-Neuf.

C'est avec Colette Devlin que Pierre Dufresne fait ses débuts à la télévision de Montréal. Ayant repris goût au chant, il fait alors partie du chœur de copains qui accompagnent la chanteuse. Parlant des divers talents qu'un comédien se doit de développer, Pierre disait: «Maintenant, pour moi, le chant c'est comme la danse et l'escrime, des atouts qu'un comédien doit se donner pour pouvoir aller au bout de lui-même et pour pouvoir répondre à ce que les metteurs en scène attendent de lui.»

La chance, qui allait ensuite accompagner Pierre Dufresne tout au long de sa carrière, c'est tout d'abord d'avoir fréquenté les studios de radio alors qu'il n'était encore qu'un enfant qui accompagnait son père, Georges Dufresne; après une belle carrière comme chanteur d'opéra, celui-ci était devenu réalisateur à Radio-Canada, pour ensuite y être nommé directeur musical. De nature optimiste, Pierre Dufresne a ensuite su saisir la chance au moment où elle passait à sa portée.

C'est justement ce qui allait se produire le lendemain de son départ de Hull. En déambulant dans le hall de Radio-Canada, il rencontre Marcel Baulu, qui, apprenant qu'il disposait de tout son temps, lui offre un rôle dans **Tante Lucie,** une série écrite par Louis Morisset. Le lendemain, nouvelle rencontre heureuse, cette fois-ci avec Paul L'Anglais, qui lui suggère d'aller trouver le réalisateur d'une nouvelle série, **Cap-aux-Sorciers.** Et c'est ainsi qu'il décroche le rôle de Marin. Alors tout s'enchaîne pour Pierre Dufresne, qui sera ensuite le P'tit Ugène du **Survenant** ainsi que plusieurs autres personnages dans maintes séries et dans plusieurs dramatiques.

Au théâtre, il débute à L'Arcade et, par la suite, tout se déroule comme si Pierre Dufresne avait eu une place toute désignée dans les productions d'à peu près tous les théâtres de Montréal. Il en est de même pour la radio, où on lui confie des rôles fort intéressants, tout comme ceux qu'il décroche au cinéma ainsi que dans les émissions télévisées destinées aux jeunes.

En 1967, il se joint à Lionel Villeneuve et à Georges Carrère pour acquérir le bateau-théâtre L'Escale. C'est là le début d'une seconde carrière pour Pierre Dufresne, qui devient un homme d'affaires à qui tout semble sourire. Pendant plusieurs années, avec succès, il va mener de front maintes activités, sans pour autant négliger son travail de comédien.

Quelques semaines avant d'être brutalement terrassé par un infarctus, le comédien âgé de 58 ans avait déclaré: «Pour moi, le bonheur, c'est d'être bien avec soi-même. Je suis à un point dans ma vie où je peux regarder en arrière et, quand je le fais et que je vois où j'en suis rendu, je suis assez content de moi... Oui je puis dire que je suis un homme heureux.»

En novembre 1984, le départ de Pierre Dufresne a semé tristesse et regrets chez ses trois enfants, Stéphane, Isabelle et Nicolas, chez sa compagne ainsi que chez les milliers de téléspectateurs de **Grand-papa,** du **Temps d'une paix** et de **Passe-partout,** les trois séries où Pierre Dufresne était alors en vedette.

Charles Dumas

LA PASSION DE COMMUNIQUER

P arti un 14 juillet... en pleine fête française!

Autrement, il aurait certainement refusé d'arriver de l'autre côté par temps plat!

L'un des réalisateurs parmi les plus créateurs et les plus audacieux. Dynamique. Contestataire. Incapable de se ranger docilement dans les sentiers battus, il va faire école... Charles Dumas forme des acteurs, des réalisateurs de télévision, des scripts et assistants à la production, à Radio-Canada. C'est dire que ses pensées, ses connaissances et sa technique marqueront encore longtemps la qualité des productions à la maison d'État.

Philosophe de formation, initié au folklore par Luc Lacourcière à l'Université Laval, Charles Dumas fait l'apprentissage du théâtre avec la troupe des comédiens de Pierre Boucher, à Québec. Il crée costumes, décors, éclairages et signe des mises en scène.

En 1955, le gouvernement du Québec retient ses services à titre de réalisateur pour une série de documentaires particulièrement réussis, qui lui serviront de passeport. Dès l'année suivante, Radio-Canada l'engage comme réalisateur de télévision. Le bail va durer jusqu'en 1974, jour de la fête des Français...

On lui doit plusieurs téléthéâtres forts, **Le Joueur** de Dostoïevski entre autres. Et **La Belle de céans**, qui réussit, sur le thème d'une période de la vie de mère d'Youville, à créer un joli scandale auprès des âmes pieuses. Charles Dumas n'a jamais fait les choses à moitié. Il assumait le risque.

À la section Jeunesse de Radio-Canada, il réalise les séries **Grand-duc** et **Ti-Jean Caribou** pendant quatre ans avant d'être nommé producteur pour **Cœur-aux-poings, Ti-Jean Caribou** et **Croquignoles**.

Entre-temps, il a ouvert un atelier d'art dramatique rue Notre-Dame, largement fréquenté par les comédiens en herbe, qui viennent y perfectionner leurs mécanismes d'émotion et d'expression. Le directeur y enseigne le jeu, l'interprétation, l'histoire du théâtre et la mise en scène. Suzanne Rivest se charge de l'expression corporelle et Monique Aubry, de la diction.

Durant cette même période, Charles Dumas est élu président de l'Association des réalisateurs et donne des cours d'initiation à la télévision à l'Université Laval et à l'Université de Montréal. Cours passionnants. Sa formation de philosophe, d'homme de théâtre et son expérience technique lui permettent de considérer dans un même souffle le contenant et le contenu. Il sait allier science, moyens et instinct.

En 1970, la direction de Radio-Canada lui confie la tâche de former ses réalisateurs de télévision, scriptes-assistantes et assistants à la production. Charles Dumas réalise aussi la série dramatique **Le Paradis terrestre** et **Femme d'aujourd'hui**.

Marié, père de Geneviève et de Catherine, Charles Dumas avait un énorme désir de toujours en faire davantage. Comme si le temps lui était compté. Si bien qu'il aura laissé un héritage immense dans le domaine des communications et de la sémiologie.

À ceux qui l'ont fréquenté, il laisse par surcroît un peu de son âme...

Paul Dupuis

CET INCONNU

Comédien chevronné, artiste d'une grande sensibilité, poète romantique, vendeur de rêves, Paul Dupuis a fait carrière sans jamais laisser percer ses secrets intimes; il est demeuré un inconnu, cet être qu'on qualifiait de misanthrope, probablement à cause de cette intransigeance qui lui faisait refuser les demi-mesures.

Fils du juge Pierre-Louis Dupuis, Paul est né à Montréal en 1916 et a fait ses études classiques au collège Saint-Laurent. Avec les Compagnons, dirigés par Émile Legault, le jeune homme s'initie au théâtre et joue les jeunes premiers dans les pièces de répertoire.

En 1937, il entre à Radio-Canada, où, après une période comme annonceur, il devient réalisateur du radioroman **Un homme et son péché.** C'est à titre de correspondant de guerre qu'il part pour l'Europe en 1942. Durant son séjour outre-mer, il effectue de nombreux reportages à bord des navires de guerre canadiens, puis dans différentes villes françaises. Lors du retour des troupes au pays, Paul Dupuis décide de demeurer en Europe. Il envoie donc sa démission à Radio-Canada.

Les cinéastes semblent vivement intéressés par le talent et aussi par l'apparence de ce comédien. En Angleterre, la firme Arthur Rank l'engage pour une période de cinq ans. Son premier rôle important est celui de Johnny Frenchman, dans le film du même nom. Aux côtés de la grande artiste Françoise Rosay, Paul Dupuis remporte alors un très beau succès. Plus tard, le comédien allait parler avec chaleur des maîtres avec lesquels il avait travaillé en Europe: «Ils avaient le respect de leur métier. Bien sûr, ce métier était leur gagne-pain, mais avec quelle sincérité ils le pratiquaient!» Cinéma et télévision vont retenir Paul Dupuis outre-mer jusqu'au début des années 50.

Soudain un jour, sans doute à la recherche de ses racines, le comédien revient ici pour se joindre de nouveau aux Compagnons, où il fait plusieurs mises en scène fort louangées; il triomphe également comme comédien dans quelques pièces classiques. Il est alors reconnu comme une grande vedette à qui les réalisateurs font des offres très alléchantes. Il en est de même des agences de publicité, qui ont reconnu en Paul Dupuis des qualités extraordinaires de vendeur.

À la télévision, son rôle le plus marquant fut certainement celui du pamphlétaire Arthur Buies dans **Les Belles Histoires des pays d'En-Haut.** Puis, après plusieurs années, l'auteur Claude-Henri Grignon dut varier son intrigue car Paul Dupuis avait fait connaître à Radio-Canada son intention d'abandonner ce personnage qu'il n'était plus intéressé à jouer.

Pour Paul Dupuis commence alors la série des périodes d'isolement alors qu'il disparaît de la circulation pendant plusieurs mois. Enfin, on le retrouve à la radio, où il est lecteur à **Une demi-heure avec...** À propos du travail qu'il faisait en préparation de cette émission devenue très vite populaire, Paul Dupuis disait: «En fait, je prends une responsabilité très grave vis-à-vis du public: celle de serviteur qui présente à son auditoire — sur un plateau de plomb, d'argent ou d'or, selon le talent que l'on voudra bien m'accorder — la pensée de l'auteur.» Un peu plus loin, il ajoutait: «En faisant abstraction de moi-même, bien entendu, je puis dire qu'écouter **Une demi-heure avec...** équivaut à un abonnement à *Historia* ou à beaucoup d'autres revues de voyage ou de récits...»

À propos de récits, c'est à Télémétropole qu'à la même époque Paul Dupuis se transformait en hôte attentionné pour les voyageurs qui venaient raconter leurs aventures et leurs découvertes à l'émission **Bon voyage.** L'animateur avait le talent d'entretenir la conversation pour que jamais elle ne devienne ennuyeuse, il possédait également l'art de faire décrire les paysages par ses invités et de leur faire parler aussi bien de géographie que de contexte social ou de politique interne.

En apparence indifférent aux gens qui l'entouraient, fuyant les réunions mondaines, quittant la ville aussitôt son travail terminé, Paul Dupuis n'en était pas pour autant indifférent à son public. «Je vais vers la foule et elle me parle. Matin et soir je fais le trajet

Montréal — Saint-Sauveur et, à chaque arrêt de l'autobus, des gens me reconnaissent, me font des commentaires sur les émissions que j'anime. Je peux vous assurer que je n'ai pas déçu mon public en acceptant de faire des commerciaux, mais les snobs, les faux intellectuels, oui. Ici, au Québec, et c'est ce qui est merveilleux, notre métier revêt plusieurs facettes: la lecture à haute voix, le journalisme, le commercial. Comédien, je suis autant vendeur de rêves que vendeur de café. Faire l'un et l'autre avec la même sincérité, voilà mon métier.»

En 1970, deux jours avant Noël, Paul Dupuis met fin à sa carrière de façon dramatique en envoyant sa démission à l'Union des artistes, puis il disparaît brusquement de la circulation sans laisser d'adresse. Certains de ses proches espèrent alors qu'il a eu l'idée de retourner en Angleterre, là où il pourrait renouer le fil de sa carrière de grand acteur. Depuis la mort de son père, dont il prenait soin depuis plusieurs années, rien ne semblait plus retenir Paul Dupuis au Québec. À un ami, il avait confié son désir de s'exiler, sans pour autant préciser dans quelle partie du monde il irait se réfugier.

Puis un jour, aussi brusquement qu'il était parti, il revint de son long voyage du bout du monde: il avait visité la Nouvelle-Zélande, l'Australie et des îles du Pacifique.

Il fut alors recruté par CKVL, qui lui céda l'antenne quotidiennement pendant plusieurs heures. Son dialogue avec les auditeurs dura jusqu'à ce que les autorités diocésaines interviennent auprès de la direction du poste pour faire taire cet homme dont le franc-parler, qui faisait les délices de certains, scandalisait les autres.

À la fin de janvier 1976, nouvelle disparition de Paul Dupuis. À la demande d'amis, qui s'inquiétaient de n'avoir pas reçu de ses nouvelles, le gérant d'un hôtel de Saint-Sauveur-des-Monts décida d'enfoncer la porte de sa chambre. On retrouva Paul Dupuis sans vie, un livre à la main. Cet homme, qui disait ne pas vouloir écrire parce que tout avait déjà été écrit, avait tout de même confié à l'animateur de l'émission **Propos et confidences,** de nombreux souvenirs de sa longue carrière.

Paul Dupuis, pétillant, goguenard, d'une exquise délicatesse, est parti à l'âge de 59 ans en emportant avec lui le secret de sa misanthropie. Sans doute était-il à la recherche d'un vrai pays.

Albert Duquesne

UN NOM SYNONYME DE SUCCÈS

Il y a 30 ans, lorsqu'il disparut du milieu artistique, Albert Duquesne était considéré comme l'une des plus prestigieuses figures du monde théâtral. Encore aujourd'hui, son nom est prononcé avec respect par les jeunes qui s'apprêtent à emprunter le même chemin en se lançant dans la carrière de comédien.

Albert Simard est né à Baie-Saint-Paul, d'où il est parti à l'âge de 14 ans pour venir s'installer à Montréal. Le jeune homme commença à étudier la diction ainsi que les principes de l'art dramatique avec des professeurs ayant acquis une excellente réputation, messieurs Eugène Lasalle et Eugène Dutet.

Sous le nom d'Albert Duquesne, le jeune Simard fait ses débuts au Théâtre canadien, où il joue avec une troupe française; de là, il va travailler au National. Très vite, son nom sur un programme ou une affiche devient synonyme de succès pour ceux qui l'engagent, car les amateurs de théâtre ont vite appris à apprécier les qualités de cet artiste talentueux.

Parcourant les routes pour se rendre jouer partout où l'on parle le français, faisant régulièrement le trajet entre Montréal et Québec, Albert Duquesne en arrive à jouer presque sans arrêt, passant du classique au moderne, sans délaisser le répertoire du grand guignol. Il est quasi impossible de dénombrer les pièces dans lesquelles il a joué ni d'énumérer les premiers rôles qu'il a tenus.

Artiste sincère et de grande classe, il avait une belle tenue en scène. Fort cultivé, doué d'une voix chaleureuse et vibrante, il devenait par son exemple le défenseur de la langue française, qu'il maniait avec élégance.

Fondateur de plusieurs troupes de théâtre, il s'allia un jour à son ami Fred Barry pour faire de grandes tournées au Québec, au Nouveau-Brunswick, aux États-Unis et en France. La troupe Barry-Duquesne a longtemps fait la joie des amateurs de théâtre.

Monsieur Duquesne a été l'un des valeureux pionniers de notre dramaturgie puisqu'il a accordé sa confiance aux auteurs à leurs débuts. On peut dire qu'il a assuré la survie de notre théâtre en donnant aux jeunes un exemple de foi en l'avenir.

La carrière d'Albert Duquesne n'allait pas subir d'éclipse à l'avènement de la radio, même si ses activités à la scène devinrent moins fréquentes. Les aînés se souviennent sans doute de sa captivante interprétation d'Alexis dans **Un homme et son péché**, de sa présence régulière dans les émissions dramatiques, de son apport chaleureux aux pièces et aux séries radiophoniques signées par de jeunes auteurs d'ici.

Ce comédien était également réputé comme annonceur; tous les soirs, pendant 16 ans, il a présenté sur les ondes de CKAC les bulletins de **Nouvelles de chez nous**. Il fut par ailleurs l'un des premiers annonceurs à couvrir les événements sportifs.

Peu importe le média qu'il servait, monsieur Duquesne le faisait consciencieusement, donnant toujours le meilleur de lui-même.

Albert Duquesne a vécu une belle vie familiale en compagnie de sa femme, la grande comédienne Marthe Thiéry, et de leurs trois filles, Monique, Nicole et Claudine.

En 1955, le couple Thiéry-Duquesne faisait un cadeau somptueux à l'Union des artistes en confiant à cet organisme la garde de la magnifique bibliothèque théâtrale de 2 000 volumes qui leur avait été léguée par le grand homme de théâtre, Antoine Godeau, le père de Marthe Thiéry.

Le nom d'Albert Duquesne est gravé dans le souvenir de ceux qui ont eu la chance et le privilège de voir et d'entendre ce grand homme de théâtre.

Tania Fédor

L'ARISTOCRATE TANIA FÉDOR

«Quelle belle comédienne!» ...Combien de fois a-t-on entendu cette élogieuse réflexion! De la race des grandes actrices européennes qui ont fait les beaux jours du cinéma français et américain, un peu avant et un peu après la guerre (celle de 40!), Tania Fédor avait la trempe des Edwige Feuillère, Marlène Dietrich, Ingrid Bergman, Greta Garbo.

Née d'un père russe, aristocrate, et d'une mère française, Tania Fédor avait vu le jour dans le plus joli décor du monde, sur la Côte d'Azur, face à la Méditerranée, dans la ville somptueuse de Monte-Carlo.

Avec une petite enfance marquée à la fois par la mort d'un frère, par la douceur des draps de satin et d'une passion pour la musique, et par la fréquentation du milieu intellectuel et mondain, elle entre au Conservatoire de Paris à l'âge de 18 ans. Elle y passe deux ans et en sort avec un premier prix.

Mais il reste que c'est le piano qui a toujours fait l'objet de ses plus brûlantes amours. Si ce n'eût été d'un poignet cassé, qui sait? Tania Fedor avait étudié le piano pendant plus de dix ans. Elle avait rêvé d'une carrière de concertiste...

Mais le théâtre allait, dans une nouvelle gamme d'expression, lui permettre de donner libre cours à ses interprétations des grands créateurs.

Elle passe cinq ans à la Comédie-Française. Puis, séduite par l'Amérique, elle prend le premier bateau pour Hollywood, en réponse à une offre de la Metro Goldwyn Mayer. Elle y tourne plusieurs longs-métrages, fréquente plus particulièrement Gregory Peck et Greta Garbo, avant de retourner à Paris, où elle poursuit sa carrière au théâtre et au cinéma.

En 1955, Tania Fédor débarque au Canada. Tout de suite sollicitée comme professeur, elle va jusqu'en 1971 enseigner à son studio et donner des cours au Conservatoire du Québec à Montréal ainsi qu'à l'École nationale de théâtre.

Intimidante pour certains, Tania Fédor est la femme la plus charmante qui soit, professeur minutieux et attentif à la carrière de ses élèves. Comme comédienne, elle se retrouve sur la scène des grandes troupes institutionnelles, le Théâtre-Club, le Théâtre du Rideau vert, La Poudrière, le Théâtre du Nouveau Monde.

Quand la Comédie-Française vient à Montréal, Tania Fédor en profite pour réunir chez elle ses amis comédiens d'ici et d'outre-mer. Elle reçoit divinement. Et sobrement. Écologiste avant le terme, femme de discipline, elle est fervente de la vie saine et des relations civilisées.

À l'antenne de Radio-Canada, sa participation dans une multitude de téléthéâtres lui permet de côtoyer les meilleurs réalisateurs: Roger Racine dans **Le Dialogue des carmélites**; Florent Forget dans **Marie Stuart**; Charles Dumas dans **La Belle de céans** ...Jean Faucher, Gérard Robert, Bruno Paradis, Louis-Georges Carrier, Fernand Quirion, Jean Dumas, etc.

Malgré le peu d'aptitude qu'elle a pour capter l'accent québécois, Tania Fédor jouera dans plusieurs téléromans et séries québécoises: **14 rue de Calais, Côte de sable, Sous le signe du Lion, De 9 à 5**, etc.

À la radio de CBF, elle se retrouve **Sur toutes les scènes du monde** et dans une pléiade de **Caractères et portraits**.

Au cinéma, elle tourne **À tout prendre**, de Claude Jutra. Il s'agit du trentième et dernier film de sa carrière.

Madame Fédor allait aussi devenir madame Nérée Allaire dans la vie de tous les jours, à la suite d'un mariage qui a su lui apporter une famille en terre québécoise.

Au dernier moment, c'était toujours la musique qui lui revenait au cœur...

Tania Fédor avait de la suite dans ses passions!

Guy Ferron

DU THÉÂTRE AU SPORT

La silhouette de Guy Ferron fait tout d'abord penser à l'homme du base-ball de Radio-Canada, à l'interviewer de **La Soirée du hockey**, au reporter des Jeux olympiques ainsi qu'à l'animateur des **Héros du samedi**. Simple, naturel, possédant le sens de l'humour, Guy Ferron était en plus un travailleur acharné.

Né à Saint-Prosper le 22 juillet 1928, il a fait ses études au Collège de l'Assomption et au Séminaire de Joliette.

Depuis plusieurs années, Guy Ferron fait déjà du théâtre amateur avec les Compagnons de Notre-Dame lorsqu'il débute comme annonceur à Trois-Rivières. Puis, après un détour par le poste de radio de Hull, il vient exercer son métier de comédien à Montréal.

C'est en 1955 que cet amoureux du théâtre part pour Paris. Après deux années d'études, il revient au Québec, où il entre de plain-pied dans une belle carrière radiophonique en interprétant le rôle de Trefflé dans le feuilleton **Je vous ai tant aimé,** rôle qu'il jouera pendant six saisons, pour ensuite le reprendre en 1958 alors que la série de Jovette Bernier sera télédiffusée.

C'est l'époque où Guy Ferron sort d'une répétition ou d'une représentation au théâtre pour aller défendre un personnage dans un téléthéâtre, et cela jusqu'au moment où il entre au service de Radio-Canada.

Tout d'abord, on le voit au petit écran comme animateur de la série scientifique **Atomes et galaxies,** puis, soudain, on découvre un autre aspect de Guy Ferron lorsqu'il devient un animateur sportif très vivant, très franc dans ses critiques. Il reprend son travail d'annonceur au **Téléjournal** sans pour autant négliger la radio, où les auditeurs peuvent profiter de sa belle culture lorsqu'il présente de façon fort vivante des émissions musicales.

Après son décès, survenu en décembre 1981, Gilles Blanchard, son coanimateur à l'émission **Temps libre,** a rendu un bel hommage à Guy Ferron en parlant de son implication dans cette émission «qui ne lui rapportait ni gloire ni commandites supplémentaires. Mais il s'est donné à fond à cette émission consacrée au sport amateur.» Un peu plus loin, ce confrère ajoutait: «Il a probablement atteint un sommet personnel pendant les Jeux olympiques de Montréal alors qu'il a agi comme «anchor man» à la radio de Radio-Canada pendant les 15 jours des Jeux, travaillant de 12 à 15 heures par jour.» Cet homme de théâtre était un perfectionniste dans tous les domaines où l'appelait son travail.

Jean Filiatrault

LA VICTOIRE DE L'ÉCRITURE

Étrange cheminement que celui de Jean Filiatrault, qui, au fil des années, va faire carrière comme professeur et comme administrateur-conseil tout en revenant au roman et à la dramaturgie dans ses heures de loisir, sans pour autant se retrancher du monde puisque, bénévolement, il a donné bien des heures à la structuration d'organismes culturels.

Au début des années 30, alors qu'il détient le poste de directeur du service français d'une importante agence de publicité, Jean Filiatrault écrit un roman dont l'intrigue se déroule en milieu paysan. **Terres stériles** va remporter le prix littéraire de la province de Québec. L'année suivante, c'est une tragédie en alexandrins qui vaut à son auteur le trophée pour la meilleure pièce canadienne décerné au Festival dramatique; cette œuvre de monsieur Filiatrault, **Le Roi David**, est ensuite présentée à la télévision dans une réalisation de Roger Racine. Puis, en 1955, nouveaux honneurs pour Jean Filiatrault, qui, avec le roman intitulé **Chaînes**, se voit décerner le prix du Cercle du livre de France. À cette occasion, Roger Duhamel écrivait dans *La Patrie*: «Ce qui compte surtout chez cet auteur, c'est la sûreté de son intuition psychologique... Parmi les romanciers qui se sont révélés depuis une dizaine d'années, il est probablement celui dont les dons sont les plus authentiques.»

Après avoir écrit plusieurs autres romans, Jean Filiatrault s'aventure dans le domaine de la télévision avec une comédie, **La Succession Dupont-Durand**, où «l'on frôle parfois le tragique, mais un tragique sans grande conséquence».

À titre d'auteur, de recherchiste, de documentaliste, le nom de Jean Filiatrault apparaît fréquemment au générique des émissions de Radio-Canada. En 1962, monsieur Filiatrault signe son premier téléroman, **La Balsamine**, qui, deux ans plus tard, sera suivi par **Le Bonheur des autres** et par **Le Paradis terrestre**, qui connaîtra une longue vie au petit écran.

Au cours des dernières années, Jean Filiatrault, qui était très près des préoccupations des comédiens et des artisans de la scène et de la télévision, rêvait d'écrire des séries tirées de romans historiques; il était convaincu de la possibilité de parvenir à d'aussi bons résultats avec un produit de notre cru qu'avec les produits d'importation.

Malheureusement, le destin n'a pas laissé à cet innovateur le temps nécessaire pour pouvoir mener à bien un tel projet.

Alban Flamand

MAÎTRE APRÈS DIEU

Il avait «sa» table réservée, tous les midis, chez son ami François Pilon, au restaurant des célébrités, juste sous le café Saint-Jacques.

Gastronome, connaisseur en vins, charmant interlocuteur, il était homme d'esprit, de cœur. Vulgarisateur hors pair. Sans snobisme, dévoué à une clientèle essentiellement populaire qu'il respectait, Alban Flamand est l'une de nos grandes personnalités québécoises consacrées par la télévision. Personnalité attachante par surcroît.

Avocat et fils d'avocat de Joliette, il appartient au clan des anciens de Sainte-Marie et à l'une des meilleures fournées de l'Université de Montréal. Membre du Barreau, il plaide devant tous les tribunaux de la province et devant la Cour suprême. Il est lieutenant de réserve dans l'armée canadienne. Libéral convaincu en politique, il s'implique dans les campagnes électorales fédérales et provinciales, prenant la parole dans les assemblées politiques et prononçant des discours dans les postes radiophoniques. Il rédige aussi une chronique politique hebdomadaire publiée dans une douzaine de journaux régionaux, pendant de nombreuses années.

Sensible aux arts, il fait de la radio à titre de comédien pendant toute la durée de ses études. Il joue entre autres dans **Le Curé de village,** de Robert Choquette, à Radio-Canada. Après l'université, il devient président de l'Opéra comique de Montréal.

En 1954, la télévision lui donne la chance de débuter de façon remarquable comme animateur d'une chronique inoubliable, **C'est la loi**, inscrite dans le cadre de l'émission **À votre service**. Sa popularité atteint un point tel vis-à-vis de l'auditoire des affaires publiques qu'il doit abandonner la pratique du droit pour se consacrer exclusivement à son rôle de communicateur et de vulgarisateur de la loi. Plus tard, il animera **Sur la sellette** avec autant de bonheur.

Au moment de la fondation de la Ligue des droits de l'homme (plus tard Ligue des droits de la personne), en 1963, Alban Flamand en devient le premier président. Mais il avait auparavant participé au Conseil provisoire de la même ligue en compagnie de maître Pierre Elliott Trudeau et de monsieur Jean Marchand.

Après 27 ans de carrière, maître Flamand devient coroner. Puis conseiller de la Reine... ce qui ne lui fera jamais tourner la tête. Ni perdre le sens de l'humour.

«Conseiller de la Reine, c'est une espèce de décoration dans le Barreau. Ça change le dessin de votre toge! Le conseiller de la Reine occupe en Cour suprême un fauteuil en avant, tout près du tribunal. Et en échange de quelques dollars, vous obtenez un grand certificat que vous affichez ensuite dans votre bureau!»

Maître Flamand répète à travers ses émissions de télévision que le «pire règlement à l'amiable vaut toujours mieux que le meilleur procès». Maître Flamand sait bien que les endroits au monde les plus enclins au procès sont la Normandie et le Québec. «Voyez-vous comme nos origines normandes ont eu une influence sur nous? On plaide pour le principe. On se présente devant les tribunaux pour tout, même si le procès doit durer sept ans et, finalement, n'apporter aucun avantage.»

Amateur de musique, de littérature, d'histoire, de peinture, de théâtre et de sport, il affirme que «la plus grande faiblesse d'un être humain, c'est de restreindre ses connaissances». «Dans le siècle où nous vivons, la faiblesse, c'est cette recherche de spécialisation. C'est horrible. Les spécialistes ne vivant que dans leur spécialité ne savent plus vivre.»

Un bon nombre de ses amis sont encore là pour affirmer que lui, Alban Flamand, maître de sa barque après Dieu... savait vivre. Et bien vivre!

14 rue de Galais
Diane Giguère et Jacques Bilodeau; 1956

La Vie quotidienne
Andréanne Lafond et Lizette Gervais; 1976

Les Belles Histoires...
Andrée Champagne, Louis-Philippe Hébert et Henri Poitras; 1959

Téléthéâtre: **Marius**
Danielle Oderra et Robert Gadouas; 1963

Théâtre du dimanche: **Maigret et la**
Grande Perche
Marthe Thiéry et Henri Norbert; 1962

Sous le signe du Lion
Ovila Légaré; 1961

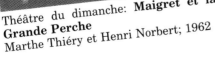

La Famille Plouffe
Amanda Alarie et Paul Guèvremont;
1953

Rollande et Robert
Rollande Désormeaux et Robert L'Herbier, 1956.

Moi et l'autre
Roger Joubert et Réal Béland; 1968

La Pension Velder
Michel Noël et Lucie de Vienne-Blanc;
1958

Les Belles Histoires...
Paul Desmarteaux et Paul Dupuis; 1959

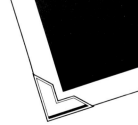

Le Survenant
Ovila Légaré et Clément Latour; 1956

Carrefour
André Laurendeau et Claude-Henri
Grignon; 1958

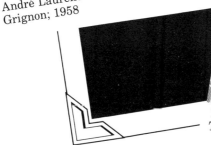

14 rue de Galais
Tania Fédor et Fanny Tremblay; 1956

Première: **La Plus Belle de céans**
François Rozet, le réalisateur Charles
Dumas et l'auteure Charlotte Savary;
1959

Les Belles Histoires...
Eugène Daigneault et Jean-Pierre
Masson; 1958

Y a pas de problème
Pierre Dufresne; 1976

Je vous ai tant aimé
Guy Ferron et Marjolaine Hébert; 1958

La Ribouldingue
Denise Morelle; 1969

Première: **La Plus Belle de céans**
Antoinette Giroux et Rose Rey-Duzil;
1959

Le Monde de Marcel Dubé: **La Cellule**
Denise Pelletier et Paul Guèvremont;
1969

La Pension Velder
Guy L'Écuyer et Gérard Poirier; 1958

Téléthéâtre: **Marius**
Robert Gadouas et Ovila Légaré; 1963

Téléthéâtre: **Marius**
Guy Hoffmann, Ovila Légaré et Georges
Groulx; 1963

La Pension Velder
Fernande Larivière, Michel Noël, Lucie
de Vienne-Blanc et José Delaguerrière;
1958

Téléthéâtre: **Marie Stuart**
Marthe Thiéry, Paul Gury, le réalisateu
Florent Forget et Tania Fédor; 1959

Le Paradis terrestre
Pierre Boucher et Nicole Filion; 1968

La Pension Velder
Lucie de Vienne-Blanc, Juliette Béliveau
et Robert Gadouas; 1958

Moi et l'autre
Denise Filiatrault, Dominique Michel et
Réal Béland; 1968

Florent Forget

TOUT POUR LE THÉÂTRE

Entré comme annonceur à Radio-Canada en mars 1943, au fil des années, Florent Forget a vu s'y opérer bien des transformations. Il a rarement connu la routine puisque, disait-il, «le côté passionnant de notre métier est que sans cesse nous avons à faire face à de nouveaux problèmes, sans cesse il nous faut relever des défis pour pouvoir créer de nouvelles images, pour donner à la vie toutes ses dimensions».

Qualifié de «maître de la scène et des studios», avant de se lancer dans l'aventure professionnelle, Florent Forget avait acquis un bagage littéraire fort intéressant; après avoir complété ses études classiques à Montréal, il alla se spécialiser à l'Université d'Ottawa en lettres, en philosophie et en sciences sociales. Puis, de 1942 à 1950, dans la troupe des Compagnons de Saint-Laurent, il a joué dans une dizaine de productions avant de s'orienter vers la mise en scène théâtrale.

Cet érudit allait se trouver une place de rêve à la radio au moment où il fut affecté à **Radio-Collège**, où sa principale fonction était de réaliser de grandes œuvres dramatiques. En même temps, il réalisait plusieurs séries d'émissions sur l'histoire du Canada, la littérature, les sciences, la sociologie. De 1946 à 1950, il a fait la mise en ondes de 500 émissions.

À la fin de ce véritable marathon, on confie à Florent Forget la tâche d'organiser la télévision à Montréal. Il devient donc directeur des programmes. Afin d'y étudier les diverses méthodes d'exploitation de la télévision, il se rend à Londres, à Paris ainsi que dans diverses villes américaines.

À partir de septembre 1954, le nom de Florent Forget va apparaître fréquemment au générique des émissions dramatiques et aussi à celui de plusieurs téléromans. Il produit également deux films documentaires, dont il rédige la narration: **Le Marquis de Montcalm** et **Dollard des Ormeaux**. Il est le responsable de deux séries de 12 émissions dans le cadre de **Propos et confidences**.

Spécialiste de la mise en scène au théâtre, monsieur Forget y a monté près d'une vingtaine de pièces au cours de sa carrière.

Même s'il consacrait énormément d'heures à la recherche concernant son travail professionnel, Florent Forget trouvait toujours quelques heures pour s'occuper de l'organisation du Festival national d'art dramatique; à quelques reprises, il est allé dans presque toutes les provinces canadiennes y juger les spectacles présentés annuellement par les troupes amateurs.

Florent Forget avait le goût de faire partager aux autres ses connaissances, ses découvertes et ses enthousiasmes. Il n'est donc pas étonnant de le retrouver comme professeur d'histoire de théâtre et d'interprétation radiophonique au Studio quinze, dirigé par Jeanne Maubourg et Gérard Vleminckx. Plus tard, à l'Université Laval, il va donner des cours d'été sur la radio et la télévision. À compter de 1967, il devient professeur au Conservatoire d'art dramatique du Québec.

Par son action et par sa parole, Florent Forget a certainement donné à plusieurs le goût de l'aventure théâtrale. Les amateurs de beau théâtre lui doivent des heures de rêve inoubliables.

Louis Francœur

JOURNALISTE ET HISTORIEN

Cet homme érudit, doté d'une forte personnalité, avait, dès ses débuts à la radio, subjugué ses auditeurs de **La Situation ce soir.** D'une façon limpide, il les entretenait des problèmes de l'heure sur les scènes nationale et internationale. Ses renseignements étaient toujours puisés aux sources de la vérité et de la logique.

Malheureusement, son message quotidien allait être définitivement interrompu en mai 1941, le jour où un grave accident de voiture fut la cause de son décès, survenu le jour suivant, ainsi que de celui de trois de ses quatre compagnons.

C'est alors qu'il faisait ses études au collège Saint-Laurent que Louis Francœur, qui préférait la lecture et l'audition de la musique à la pratique des sports, se découvrit un talent d'écrivain.

En 1913, décidé à entrer chez les bénédictins, le jeune homme s'embarque pour l'Europe. Il se rend en Belgique, à l'abbaye de Saint-Wandrille, où jusqu'à l'âge de 24 ans il va travailler comme bibliothécaire, tout en se préparant à devenir moine. Pendant les quatre années de la guerre, il sera prisonnier des Allemands, qui occupent le monastère. C'est en servant leurs repas aux officiers qu'il apprend la langue allemande.

À la fin de la guerre, Louis Francœur revient au Canada, mais, après quelques mois passés au monastère de Saint-Benoît-du-Lac, il décide de repartir pour la Belgique. C'est en mars 1920 qu'il va quitter définitivement l'ordre des Bénédictins. Par la suite, il se rend à Paris, où il trouve du travail dans une grande maison d'édition; pour arrondir ses fins de mois, il est également secrétaire de rédaction d'une revue d'enseignement supérieur destinée aux jeunes filles.

Malgré le plaisir éprouvé à vivre et à travailler à Paris, au bout de trois ans, Louis Francœur revient à Montréal. Ayant la facilité d'écrire aussi bien en anglais qu'en français, il collabore au *Star* tout en faisant du journalisme pour *La Patrie*. Très vite, il se distingue par son style original et par sa capacité à s'exprimer sur les sujets les plus divers.

En 1929, Louis Francœur lance à Québec *Le Journal*, une feuille à saveur plus politique que littéraire qui va faire l'effet d'une bombe. Conservateur par goût et par tradition, prêt à servir son parti sans aucun compromis, il entre dans la lutte au moment où le premier ministre Taschereau est au sommet de sa gloire. Férocement, avec sarcasme et ironie, il combat les idées du journaliste libéral Olivar Asselin.

Après son passage à *L'Illustration* comme rédacteur en chef, Louis Francœur est engagé à *La Patrie du dimanche*, qu'il va diriger jusqu'à sa mort.

C'est en 1939 qu'il commence à travailler à Radio-Canada. Avec brio, il anime l'émission **S.V.P.**, où «aucune question sur les sujets les plus variés et les plus difficiles ne semblait l'embarrasser». Cette émission fait connaître aux auditeurs un journaliste brillant, très versé en histoire, familiarisé avec les langues étrangères ainsi qu'avec les arts et les lettres.

Au début de la Deuxième Guerre mondiale, le journaliste se surpasse comme traducteur des bulletins de nouvelles-éclair en provenance de la BBC. En maintes circonstances, Louis Francœur s'avère un historien de classe, particulièrement lors de l'invasion hitlérienne alors qu'il trouve les expressions justes pour expliquer la dramatique situation que vit le peuple français, «pour lequel il conservait une tendre admiration».

S'exprimant sur un ton naturel, dans une langue directe, Louis Francœur était aimé et respecté des radiophiles. Ce grand journaliste a laissé le souvenir d'un homme extrêmement doué, possédant de hautes qualités morales.

Robert Gadouas

IRREMPLAÇABLE...

Toutes les auditrices, toutes les spectatrices ont dû aisément en tomber amoureuses... Tête séduisante d'adolescent déluré, de jeune voyou futé, d'homme révolté ou en liesse, de prince charmant transi, sauvage, selon les rôles, il est chaque fois magnifique. Merveilleux acteur à la voix chaude et profonde, au fou rire irrésistible, ses yeux détiennent le pouvoir.

Des acteurs de la trempe de Robert Gadouas, il se peut, avec beaucoup de chance, qu'on en trouve deux ou trois par siècle. Pas davantage.

Il est de la fournée de madame Jean-Louis Audet, encore pétri et raffiné par le maître François Rozet...

Il fait ses premières armes dans la populaire série **Madeleine et Pierre**. Jacques Auger lui confie son premier rôle classique, celui du garçon-joaillier des **Fausses confidences** de Marivaux, à l'antenne de Radio-Canada. Et qui parmi les radiophiles du temps a pu oublier Gontran Joubert de **La Métairie Rancourt**; Ti-Paul Latrémouille de **Jeunesse dorée**; Pierrot Beauchamp de **Rue Principale**; Alain de **Maman Jeanne**; Vol-au-vent d'**Yvan l'intrépide**; Laurent Vildrac de **Métropole**; Simon du **Faubourg-à-M'lasse**?

Robert Gadouas hante pendant plusieurs années tous les studios de CBF, faisant la navette entre **Radio-Théâtre, Radio-Collège** et l'avalanche des narrations et lectures poétiques qui fleurissent sa renommée. Robert Gadouas devient l'un des artistes les plus adorés au Québec. La radio et la télévision le sollicitent. Tous les journaux lui consacrent des pages entières de photos et d'interviews. Il est la coqueluche de l'heure, l'enfant chéri, celui dont on rêve.

Néanmoins, c'est le théâtre qui l'attire surtout. Dès 1943, il joue avec l'équipe de Pierre Dagenais dans **Tessa**. Il fait un succès dans **Marius** et **Fanny** de Pagnol. Il interprète divinement Shakespeare, Molière, Cocteau, à l'Ermitage.

Membre fondateur du Théâtre du Nouveau Monde, il forme aussi avec Jean Hamelin la Troupe du demi-siècle, au début des années 50.

Boursier du gouvernement québécois, Robert Gadouas s'envole pour 18 mois à Paris, où son talent, son charme et la passion qu'il voue au théâtre lui valent les plus grandes conquêtes. Pierre Fresnay le prend sous son aile. Il devient l'ami d'Albert Camus.

De retour au pays, en 1954, le petit écran se l'accapare dans le populaire téléroman **14 rue de Galais** d'André Giroux et dans une foule d'émissions dramatiques au **Théâtre populaire** et au **Télé-théâtre.** Il se signale de la façon la plus spectaculaire dans **Les Frères Karamazov** et dans l'inoubliable **Marius**. Robert Choquette le transforme en Alexis, fils remarquable de «madame Velder», qui tient la plus célèbre «pension...» de tous les temps.

Pour des raisons difficiles à saisir survient pourtant une longue brisure dans sa carrière. Puis une malheureuse tentative dans le domaine de la chanson. Cette dernière expérience dut certainement miner les réserves morales d'un être aussi fier et entier, tant adulé par une foule et un milieu artistique des plus capricieux.

Robert Gadouas choisit de quitter le grand cirque et réussit, après quelques répétitions, une sortie des plus spectaculaires.

En souvenir de celui qu'on a longtemps acclamé, à juste titre, comme un «génie du théâtre», l'auditoire se fait exigeant et affectueux à la fois vis-à-vis la descendance du grand acteur. Mais aguerrie, la lignée Gadouas résiste bien à l'émotion populaire...

Ève Gagnier

DANS LES P'TITS POTS, LES MEILLEURS ONGUENTS!

Elle l'aura entendue jusqu'à saturation, celle-là! Avec sa taille menue, son air naïf, timide sur les bords, elle fait à ses débuts une Tit-Ange des plus attachantes dans **Le Survenant,** de Germaine Guèvremont, à la télévision de Radio-Canada.

Issue d'une famille de musiciens, elle avait d'abord étudié le piano, la flûte et la harpe au Conservatoire de musique du Québec. À la fois comédienne, musicienne et chanteuse, sa carrière prend des virages divers, allant de l'opéra au théâtre, du concert à la télévision en passant par le cinéma et la post-synchronisation.

Sœur Constance du **Dialogue des carmélites** se retrouve avec allégresse à **L'Heure du concert.** Et **La Bonne Anna** du Théâtre de Sun-Valley, sans bouder une série de variétés intitulée **Connais-sez-vous la musique?,** se hisse au sommet de la montagne pour tenir le premier rôle d'**Une mesure de silence,** opéra de Maurice Blackburn affiché au Mountain Playhouse. Sur les ailes de **L'Oiseau bleu** fréquenté au Théâtre du rideau vert, elle va rejoindre **Les Belles-sœurs** de Michel Tremblay avec autant de plaisir qu'elle défend **La tour Eiffel qui tue** dans une tournée en France. Passer du décor de **Carmen** à celui de **La Veuve joyeuse** pour se plonger dans **L'Impromptu d'Outremont** ne la gêne pas non plus.

Au cinéma, Ève Gagnier tourne dans **Les Chats bottés, Françoise Durocher, waitress, Il était une fois dans l'Est, Le soleil se lève en retard,** etc.

Vedette de la post-synchronisation, elle est une championne du doublage de voix d'enfants: Charlie Brown, Cannelle dans **Passe-partout** entre autres...

Mariée et mère de deux filles, Ève Gagnier venait à peine, après 25 ans de mariage, de «devenir autonome». «Je n'ai jamais été aussi bien dans ma peau», disait-elle.

Alors pourquoi a-t-il fallu la quitter, cette peau, à moins de 55 ans?

Jean-Léo Gagnon

AUTODIDACTE

Spécialiste des rôles de soutien, Jean-Léo Gagnon a fait une intéressante carrière sans pour autant être considéré comme une vedette; du moins jusqu'à ce qu'il atteigne l'âge de 70 ans alors que sa carrière a connu un second départ grâce à la dimension qu'il a donnée à son personnage d'Armand Tremblay dans le drame poétique de Jean-Pierre Lefebvre, **Les Dernières Fiançailles.**

C'est tout d'abord chez les frères du Sacré-Cœur, à l'école Saint-Victor, que J.-Léo Gagnon monte pour la première fois sur une scène. À l'âge de 19 ans, il part pour l'Ontario afin d'y travailler dans l'industrie automobile. Dans ses heures de loisir, il met en scène deux pièces avec des gens de Windsor dans la distribution, «des gens qui n'avaient jamais joué de leur vie, mais que je choisissais parce qu'ils avaient le physique allant avec le rôle; par la suite, je leur mâchais le travail. Nous jouions dans les sous-sols d'églises, souvent à guichet fermé.»

Pas d'école de théâtre pour J.-Léo Gagnon, qui a appris le métier d'acteur directement sur la scène. Sa carrière professionnelle débute en 1932 au Monument national. Et suivent les longues tournées, qui durent parfois de février à novembre. Parmi les acteurs de la troupe, fondée par monsieur Gagnon et madame Jeanne Deslauriers, on peut retrouver les noms de Juliette Béliveau, J.-R. Tremblay, Denis Drouin...

En tournée, J.-Léo Gagnon était l'homme fort qui pouvait remplir les fonctions de machiniste, sortir de la neige les autos embourbées, conduire le camion transportant les décors et les accessoires, agrandir des scènes, monter de lourds décors et, naturellement, le soir venu, jouer avec entrain sans jamais laisser paraître sa fatigue.

Et, après seulement quelques heures de repos, repartir pour une autre ville, préparer une autre représentation... Et cette vie étrange allait durer jusqu'en 1950, année où J.-Léo Gagnon mit un terme à 18 années de tournées à travers le Canada français.

À la radio, ce comédien a été de la distribution de la plupart des séries de l'époque, interprétant tour à tour un chef de police, un bandit, un curé, un chauffeur de taxi, un boulanger, un photographe... À la télévision, où il a fait de nombreuses apparitions, il a surtout eu ce qu'il appelait «des rôles accidentels», des rôles de soutien. Le seul personnage qu'il ait eu à défendre longtemps au petit écran fut celui du curé Lebrun dans **Le Survenant.**

Par contre, le cinéma a souvent fait appel à lui. Après avoir joué dans **Le Père Chopin** en 1944, monsieur Gagnon allait apparaître dans au moins 35 films.

Au lendemain de la sortie du film **Les Dernières Fiançailles,** la critique a dit de Jean-Léo Gagnon: «C'est là peut-être son véritable premier rôle, mais le comédien y a atteint la pleine maîtrise de son art et a réussi à susciter chez les spectateurs une qualité d'émotion très rarement atteinte au cinéma québécois.»

Françoise Gaudet-Smet

L'AMOUR DU TERROIR

Journaliste polyvalente à l'esprit toujours en éveil, femme d'action, animatrice qui a su utiliser tous les moyens d'expression pour communiquer ses connaissances à ses compatriotes, Françoise Gaudet-Smet était un être étonnant de vitalité et d'enthousiasme. Rien ne semblait pouvoir abattre cette femme qui bouillonnait d'idées et de projets.

Quelques mois avant son décès survenu le 4 septembre 1986, madame Gaudet-Smet disait: «Non, je ne crains pas la mort puisque ce n'est aucunement la fin de tout. Je sais que je ne serai pas disparue. Vous savez, ma vie est une grande aventure et je tiens à la poursuivre encore longtemps.»

Cette vie commence le 26 octobre 1902 à Sainte-Eulalie dans le comté de Nicolet. Françoise est élevée à Aston, village fondé par son père. Elle grandit dans son épicerie, où travaille aussi sa mère. Elle voit ses parents rendre de menus et de grands services aux gens du village. C'est donc là qu'elle acquiert les premières notions qui donneront son orientation au journalisme qu'elle fera plus tard, un journalisme écrit et parlé véhiculant cette notion de service.

Très éveillée, curieuse de tout, Françoise s'intéresse aux menus événements du quotidien, elle enregistre en elle les sons, les paroles, les images, les interrogations, la façon de vivre de tous et chacun.

Après des études supérieures, Françoise devient la secrétaire de son père, qui est maintenant député. Elle sera ensuite la secrétaire d'Olivar Asselin avant de commencer elle-même à faire du journalisme.

Après son passage au *Journal d'agriculture*, elle fonde *Paysanna*, dont elle assumera la direction de 1938 à 1949. Elle sera également directrice du courrier des lecteurs de *La Presse*. Doyenne du Cercle des femmes journalistes, elle en fut la présidente pendant deux ans.

Pendant ses 55 années de journalisme, que ce soit dans ce qu'elle a écrit ou encore dans ce qu'elle a dit à la radio et à la télévision, le thème qu'elle a sans cesse développé a toujours comporté deux volets: celui de la femme au foyer et celui du culte du terroir. Au fil des jours et des années, elle est devenue la confidente et la conseillère de milliers de Québécoises, aussi bien de la ville que de la campagne. Ces femmes faisaient entière confiance à madame Gaudet-Smet, qui jamais n'a refusé son aide ou ses conseils à qui que ce soit. Toujours à l'écoute des autres, elle a su dispenser son savoir sans jamais calculer son temps et ses énergies.

Femme d'une extrême générosité, elle comptait des amis dans tous les milieux et elle leur ouvrait toutes grandes les portes de sa maison de Claire-Vallée. Cette maison, enfouie dans un vallon boisé, en bas d'une magnifique montagne, tout près de la rivière Bécancour.

Françoise Gaudet-Smet n'a cessé de partager ses expériences et ses découvertes avec les femmes du Québec. Elle a visité 30 pays différents, elle y a rencontré quantité de personnes extraordinaires. Au cours de ces voyages, elle travaillait continuellement, observant, posant des questions, essayant de ne rien manquer, accumulant les connaissances et les renseignements qui, à son retour, allaient se transformer en causeries fort animées qu'elle destinait aux téléspectatrices fidèles à son émission quotidienne.

Il y a 13 ans, dans la maison héritée de son père à Aston-Jonction, elle créait un Centre culturel des arts domestiques, musée dont on ne trouve d'équivalent nulle part ailleurs. Chaque année, des centaines de personnes viennent se retremper aux sources, particulièrement les femmes et les hommes qui choisissent d'acquérir les techniques ancestrales de l'artisanat. Madame Gaudet-Smet s'est toujours fait un plaisir de recevoir les personnes qui venaient à Gaudetbourg, répondant aux questions qu'on lui posait sur tous les sujets imaginables.

Au cours des ans, Françoise Gaudet-Smet a reçu de nombreuses décorations: l'Ordre du Canada, l'Ordre du Québec, la médaille Bene Merenti pour la qualité de son œuvre éducatif, la Médaille d'or du lieutenant-gouverneur pour sa fidélité à l'œuvre terrien, le prix littéraire de la Société Saint-Jean-Baptiste, l'Ordre de la fidélité française.

Pendant son dernier printemps, madame Gaudet-Smet travaillait à la rédaction du troisième volume de ses souvenirs: elle y relatait les nombreux voyages qu'elle a faits au cours des ans. Ce livre devait porter le titre **Par monts et par vaux**.

Gaudetbourg continuera à accueillir les Québécois puisque François Smet, fils de Françoise, et sa femme Jeannine vont continuer à s'occuper du centre culturel, qui s'est enrichi de la collection personnelle que madame Gaudet-Smet gardait dans sa maison de Claire-Vallée.

Françoise Gaudet-Smet a aimé passionnément la nature et les êtres. Elle a connu l'amour de deux maris et elle s'est rallié l'affection de milliers de Québécois.

Il est donc vrai de dire que cette existence, qu'elle a consacrée à revaloriser la vie de terroir et tout ce qui s'y rattache, a été une grande et belle aventure.

Maurice Gauvin

VENU TROP TÔT
DANS UN SIÈCLE TROP JEUNE

Cher «oncle Albert» de **14 rue de Calais**!

Il avait vu le jour aux États-Unis, à Détroit. Encore enfant au moment où ses parents se fixaient à Québec, il n'en reste pas moins que Maurice Gauvin avait hérité d'un je ne sais quoi de l'oncle Sam, à part le surnom inoubliable de l'oncle Albert. Probablement une jovialité d'entrepreneur dynamique qui a l'air de n'avoir jamais de problèmes. Ou ce sourire charmeur, bon enfant et joueur de tours à la fois?

En tout cas, il avait hérité d'un tempérament bouillant qui se serait très mal accomodé d'une situation sédentaire. Déjà, en rhétorique, il quitte le collège à tout jamais pour mettre à profit ses dons athlétiques et monter pour le vaudeville un numéro d'équilibriste qui le fait connaître un peu partout dans la province de Québec et même dans les Maritimes.

Il réussit à s'infiltrer dans une troupe de théâtre populaire et se ballade en tournée avant de se lier à la troupe de Fred Ratté.

On le retrouve au Palais Montcalm de Québec avec sa femme Berthe Plante (l'interprète des contes d'Yves Thériault, à Radio-Canada) dans **Madame X...** C'est le succès. Chaque soir, on assiste à la rumba des mouchoirs devant l'histoire pathétique de la prisonnière arrachée aux bras de son enfant. Même Maurice Gauvin, qui joue l'avocat de **Madame X...**, ne peut s'empêcher de sangloter le soir de la première! Il jouera d'ailleurs tous ses personnages avec autant d'émotion et de fougue...

À la radio, qu'on se souvienne de Florent Chevron dans **Un homme et son péché**, de Trente Sous dans **Métropole**, de Sam Koulish, le Syrien, dans **Vie de Femmes** et d'Amédée dans **Les Mémoires du docteur Lambert**...

Au cinéma québécois encore balbutiant, Maurice Gauvin campe avec un réalisme étonnant le rôle du bûcheron Alphonse, la brute, dans le film **Le Gros Bill**. Plus nuancé dans **Lumières de ma ville** en impresario de Monique Leyrac, il se retrouve dans un milieu de voyous dans le film **Butler's Night Off** de Roger Racine.

Jamais rassasié, Maurice Gauvin tente l'expérience radiophonique d'annonceur-réalisateur-scripteur-homme-à-tout-faire à la station de New-Carlisle, se lance en affaires et devient directeur de l'agence artistique Montreal Casting pour finalement devenir le propriétaire du fameux cabaret La Baraque. Tout ça entre deux documentaires et trois radiothéâtres à Radio-Canada.

Mais son grand rêve... c'est le cinéma, «la plus belle industrie du monde» à ses yeux.

Une industrie qui donne à cet acteur de composition l'occasion d'endosser mille masques et qui pourrait lui donner la chance d'être davantage dipsomane, schizophrène, obsédé, des rôles qu'il rêve d'incarner à l'écran.

«Hélas, le cinéma et le Canada commencent à peine à faire connaissance. Maurice Gauvin pourrait dire: «Je suis venu trop tôt dans un siècle trop jeune», comme l'écrit Clément Fluet dans un numéro du journal *Radiomonde* de 1953.

Évidemment, on peut longtemps palabrer sur le destin. Si les parents de Maurice Gauvin, en quittant Détroit, avaient pris le chemin de Hollywood ou de New York au lieu de faire route vers le cap Diamant, son rêve aurait peut-être pu se réaliser

Il avait vraiment la «gueule idéale» pour le cinoche... au temps fort de la radio!

Lizette Gervais

UNE FEMME DANS LE MONDE MASCULIN DE L'INFORMATION

Femme engagée dans sa vie personnelle et dans la société. Douce, charmante, mais ferme contestataire. Une sorte d'Antigone passionnée de justice, mais au sourire tendre. À la fois femme de rigueur dans le travail et femme de fantaisie au talent créateur entre les repas.

Femme d'équilibre, d'instinct, de tête et de cœur. Et femme de grande beauté.

Lizette Gervais est certainement l'une des personnalités qui nous ont le plus marqués. Et elle aurait enrichi encore davantage le domaine des affaires publiques dans un contexte plus propice à la présence des femmes.

Née de famille à l'aise, Lizette Gervais étudie au collège Marie-de-France et à Marianapolis College. Puis elle enseigne l'anglais à la Commission des écoles catholiques de Montréal.

Elle accompagne ensuite son mari étudiant (plus tard le juge Robert Sauvé) à Londres, à Washington et à Ottawa avant d'entamer une carrière à la radio de Hull.

En 1960, elle entre à Radio-Canada comme speakerine et animatrice. Elle se fait remarquer tout de suite à la radio, dans l'inoubliable **Psychologie de la vie quotidienne,** aux côtés du célèbre professeur Théo Chentrier.

En même temps, elle fait les belles heures de **Carrefour** à la télévision, entourée d'Andréanne Lafond, Wilfrid Lemoyne et Michelle Tisseyre.

Lizette Gervais, jusqu'en 1968, conjuguera ses activités d'animatrice-intervieweure devant les micros et les caméras. En 1964-65, elle devient la première animatrice à **Femme d'aujourd'hui.** Mais pour une saison seulement.

«On ne pouvait pas avoir une bonne cote d'écoute à l'heure où on la diffusait», explique-t-elle dans le magazine Châtelaine. «Puis on accordait la même importance à un ourlet de robe et à la condition féminine à travers le monde. Le petit clan bourgeois, mondain, qui se divertit avec la popote de fantaisie et les torchons revalorisants, ça ne m'intéresse pas.»

La blonde et douce animatrice a des convictions.

En 1969, elle quitte Radio-Canada pour se joindre à l'équipe d'une station concurrente où elle s'affirme dans le domaine des affaires publiques, un domaine qui lui tiendra toujours éminemment à cœur.

En 1972, on la retrouve toutefois à la radio de CBF dans **La Feuillaison** et à **Destination Canada** à la télévision de Radio-Canada. Elle regrette de toute évidence que la maison d'État ne lui confie pas davantage de responsabilités touchant à l'information.

«Pour faire carrière dans les affaires publiques, il n'y a eu chez les femmes qu'Andréanne Lafond et Judith Jasmin. Et on connaît les difficultés indécentes qu'a dû affronter Judith Jasmin. J'ai débuté avec l'équipe de **Carrefour,** un secteur très mysogine. On ne respecte pas le fait que les femmes ont une façon différente de travailler, ce qui ne les empêche nullement d'offrir une information tout aussi valable.» Quinze ans plus tard, on ne peut dire que la terre ait changé de face!

«Je comprends qu'il est difficile de soutenir la concurrence au cœur d'une société violente. On la soutient avec des choses violentes, forcément. Au lieu de renseigner complètement les gens sur une question importante, on fait de l'information qui tient du spectacle. Et on apostrophe les gens dans la rue: «Êtes-vous pour ou contre?» Les gens arriveraient à des décisions plus justes s'ils n'étaient toujours bousculés.»

Lizette Gervais et Robert Sauvé ont adopté quatre enfants. Voilà une autre «cause» pour laquelle Lizette Gervais se dépense considérablement. Présidente de l'Association des parents adoptifs, elle occupera plus tard, au cours des années 80, le poste de présidente de l'Office des garderies et celui de présidente du Secrétariat à l'adoption.

Consciente de sa vie privilégiée, elle défend volontiers ceux qui doivent lutter avec de maigres moyens pour défendre leurs droits. Syndicalisme, droits de la personne, Centraide, Fraternité— Viêt-nam, protection des détenus, Société canadienne du cancer, de la santé mentale...

«Au départ, j'avais choisi le service social comme carrière. Quand je me suis inscrite à l'université, j'ai été refusée parce que j'étais trop jeune. C'est peut-être ce goût-là qui me revient par petites doses. Puis je voudrais bien que mes enfants arrivent à l'âge adulte dans un Québec plus serein.»

Pour Radio-Canada, elle a l'occasion de rencontrer les gens qui font le pays grâce à **En passant par l'été** et **Le Bel Âge.**

En 1977 et pendant quatre ans, Lizette Gervais et Andréanne Lafond animent à la radio de CBF la plus merveilleuse émission quotidienne d'actualité jamais inscrite à l'horaire. La cote d'écoute de **La Vie quotidienne** fait la nique aux stations concurrentes. C'est le triomphe de cette information incarnée pour laquelle elle se bat depuis des années. Pourtant l'émission ne connaît pas de suites aussi stimulantes. Au début des années 80, elle quitte le domaine de la radio-télévision.

«Avec l'expérience et les années, travailler à de solides dossiers, ça m'intéresserait. Sinon je préfère continuer des interventions sociales comme je le fais au Secrétariat à l'adoption.»

La maladie devait interrompre tous les projets de Lizette Gervais. Sa lutte acharnée contre le cancer fut héroïque. On chantait déjà publiquement sa victoire. Personne n'avait prévu cette rechute fatale... En héritage, elle laisse une tendresse qui finira bien par gagner un jour ou l'autre le monde de l'information.

Antoinette Giroux

DES DÉBUTS À HUIT ANS

Le nom d'Antoinette Giroux fait surgir du passé les sons et les images bien agréables de **Jeunesse dorée, Grande Sœur, M'amie d'amour, Rue des Pignons, L'Ardent Voyage...**

Antoinette Giroux, c'est un nom inscrit à la marquise de bien des théâtres, au générique de maintes séries radiophoniques et de programmes de télévision.

Née à Saint-Henri en 1903, Antoinette Giroux débute sur scène à l'âge de huit ans. Pendant plusieurs années, la talentueuse fillette va se promener d'un théâtre à l'autre et, presque sans qu'il y ait de véritable interruption, passer des rôles d'enfant à ceux de jeune première.

Son remarquable talent retient l'attention des critiques et incite les autorités gouvernementales du Québec à lui octroyer une bourse d'études pour qu'elle puisse aller se perfectionner en art dramatique. Et c'est ainsi qu'elle s'embarque pour la France. Au cours de sa première année d'étude, Antoinette Giroux fait ses débuts sur les scènes parisiennes et joue dans des spectacles qui remportent un beau succès. Trois ans plus tard, la voilà prête à faire partie de la troupe de la Comédie-Française, qui fait de la tournée.

C'est également en tournée, mais cette fois avec le Théâtre de la porte Saint-Martin, qu'Antoinette Giroux revient au Canada pour la durée de quelques représentations. Pendant les dix années suivantes, elle travaille au sein de cette troupe itinérante, qui se rend en Orient, au Maroc, dans plusieurs pays européens ainsi que dans des villes américaines.

À l'époque des belles saisons du Stella, alors sous la direction de messieurs Barry et Duquesne, Antoinette Giroux commence à ressentir le mal du pays. À son retour chez elle, elle est bien accueillie au sein de la colonie artistique.

En 1934, elle prend la direction du Stella et y donne d'excellents spectacles avec une troupe composée de comédiens canadiens ainsi que de comédiens français. En plus des grands classiques, le répertoire de ce théâtre comprend plusieurs œuvres d'auteurs d'ici.

Au moment où le théâtre connaît un certain déclin, madame Giroux se tourne vers la radio. Avec Jacques Auger, elle va jouer dans la série **Les Grands Classiques.** À titre d'interprète favorite de Jean Desprez, elle sera de la distribution de presque toutes les séries signées par cette auteure prolifique.

Si la plupart des écrivains de l'époque désiraient avoir Antoinette Giroux comme interprète, c'est que, déclare l'un d'entre eux, «elle comprenait son personnage à première vue, savait ses rôles dès la première lecture et possédait aussi une grande conscience professionnelle».

Au cinéma, elle fait ses débuts en défendant brillamment le personnage de Mademoiselle Angélique, l'amie du gros docteur dans **Séraphin.** Puis, à nouveau, la voilà sur la scène jouant avec le Rideau vert, le Théâtre du Nouveau Monde, l'Égrégore. À la télévision, madame Giroux a joué dans plusieurs téléthéâtres ainsi que dans les séries **Joie de vivre** et **Rue des Pignons.**

Au cours de sa brillante carrière, la comédienne a interprété au-delà de 500 rôles. Antoinette Giroux possédait le don de donner à ses personnages une dimension sincère et profondément humaine.

Germaine Giroux

«LA GROSSE MADAME»

Pour Germaine Giroux, sur scène, à la radio et devant les caméras, des personnages de caractère hauts en couleurs et souvent forts en gueule.

Dans la vie: une fantaisie réjouissante, sensibilité à fleur de peau sous l'écorce d'un tempérament costaud. Puis... des chapeaux et des turbans qui passeront à l'histoire!

Ce n'est que simple hasard si Germaine Giroux n'a pas vu le jour sur les planches. À trois ans, âge de ses grands débuts, les spectateurs du Her Majesty l'applaudissent déjà dans **Madame Butterfly**. Et, à l'exception de ses années de pensionnat au couvent Saint-Louis-de-Gonzague, elle n'a jamais cessé de jouer au théâtre, au cinéma, à la radio et à la télévision.

Encore adolescente, 16 ans à peine, elle décroche un contrat à New York, «on Broadway». C'est la grande aventure. L'espoir d'une carrière internationale rien de moins que mirobolante.

Elle séjournera huit ans dans la grande ville américaine, jouant dans onze productions, dont **Ladies of the Dury**, fort à la mode en ce temps-là.

«Puis un beau matin, j'ai soudainement éprouvé un certain cafard en pensant à ma famille. Surtout en rencontrant Fred Barry, venu à New York pour me convaincre de revenir chez moi.»

Les chroniqueurs du temps affirment qu'une forte déception amoureuse ne serait pas étrangère à ce retour en terre québécoise. Quoi qu'il en soit, Germaine Giroux, jeune première fort aguichante, fera les beaux jours du théâtre Stella et de L'Arcade. À la fois comédienne et diseuse, elle garde l'affiche du Quartier latin pendant 65 semaines.

«Si j'ai abandonné un jour, c'est tout simplement parce que je n'en pouvais plus de vivre la nuit.»

Depuis le début des années 50, mademoiselle Giroux joue surtout au TNM, qui l'entraîne dans une tournée en France, au Mountain Playhouse et au Festival de Stratford, où elle joue dans **Henri V**. En 1956, elle fait aussi partie des joyeuses **Fridolinades**.

Germaine Giroux restera cependant marquée par le personnage sympathique qu'elle a conservé tout au long du bail d'**Un homme et son péché**, à la radio. Elle y incarne Dalilah Dorisson, la riche héritière à l'accent séduisant, réputée pour ses engueulades savoureuses avec l'usurier Séraphin. L'un des rôles les plus colorés de sa carrière radiophonique.

À la télévision, c'est incontestablement son personnage de «la grosse madame» qui la rendra populaire auprès de la foule des téléspectateurs. Cette «grosse madame» apparue dans **Le Survenant** prendra davantage du poil de la bête dans **Le Chenail-du-Moine**, deuxième tranche du roman de Germaine Guèvremont.

«La grosse madame» devait réussir à épouser finalement Didace Beauchemin. Ce qui amena à Germaine Giroux un abondant courrier de protestations et de félicitations à la fois!

«Ce que j'aime moins, c'est quand j'entre dans un restaurant et qu'on me lance à tue-tête: "Ah! Tiens! Si c'est pas la grosse madame!" Je ne peux pas dire que je suis aux anges quand j'entends ça.»

Demeurée mademoiselle Giroux tout au long de sa vie, elle a toujours partagé la maison de ville à Westmount et la maison de campagne à Coteau-du-Lac avec ses sœurs Antoinette et Billy... et la chatte Choupette, sa partenaire de **Moïra**, un téléthéâtre réalisé à la maison d'État auquel les «deux» artistes avaient participé!

Cinq mille livres dans sa bibliothèque et... presque autant de chapeaux dans ses garde-robes. Tous chapeaux «home made». C'était le dada entre les repas de cette artiste si spectaculaire.

Charles Goulet

PROMOUVOIR LA MUSIQUE

Baryton, comédien, maître de chapelle, metteur en scène, pianiste, violoniste, imprésario, administrateur artistique, voici monsieur Charles Goulet, celui dont l'activité s'étend sur une période de plus de 50 ans.

Natif de Liège en Belgique, il arriva très jeune au Canada. En 1921, il retourna en Europe pour s'y perfectionner. Il fit ses débuts à l'Opéra de Liège dans **La Navarraise**, de Jules Massenet.

C'est le nom de ce compositeur qu'il allait donner au chœur qu'il fonda à Montréal en 1928. Les Disciples de Massenet firent de nombreuses tournées ici et à l'étranger, et ce groupe de 50 chanteuses et chanteurs fut entendu à maintes reprises sur les postes du réseau de Radio-Canada. Au fil des années, le chœur a participé à diverses manifestations de l'Orchestre symphonique de Montréal sous la direction de chefs réputés.

Au début des années 30, monsieur Goulet devint imprésario et présenta des artistes de renom dans divers théâtres du Québec; en 1937, il réussit à faire venir ici, pour la première fois, Igor Stravinsky. Plus tard, afin de promouvoir la carrière de jeunes chanteurs et de jeunes instrumentistes, il va fonder le Bureau des concerts canadiens.

En 1936, Charles Goulet s'unit à Lionel Daunais pour fonder la troupe des Variétés lyriques, qui dès le début de ses opérations va connaître de grands succès. En 1955, alors que 13 000 amateurs sont abonnés aux soirées d'opérette données par les Variétés lyriques, la compagnie se voit dans l'obligation de fermer ses portes à cause de graves problèmes financiers.

Jusqu'à la fin de sa vie, cet homme d'une grande affabilité a tenté d'améliorer la situation des artistes québécois en faisant profiter de ses vastes connaissances les organismes capables de promouvoir l'opéra, la musique et la danse.

Claude-Henri Grignon

L'HOMME DES PAYS D'EN-HAUT

Valdombre; Gaston d'Aubécourt; Claude Bâcle; Caïn Marchenoir. Ils étaient tous Claude-Henri Grignon...

Né à Sainte-Adèle à la fin de l'autre siècle, en 1894, il débute comme journaliste à *L'Avenir du Nord*, à Saint-Jérôme, puis collabore à une foule de revues et de journaux. Il aime la polémique. Il est de l'époque glorieuse des harangues et des «hastings». Ses écrits savoureux et percutants visent l'organisation sociale, la façon dont les hommes gouvernent, les droits des colons. On retrouve ses écrits dans *Le Nationalisme, La Minerve, Le Canada, Le Petit Journal, La Revue populaire, Le Bulletin des agriculteurs, La Renaissance.* Il dirige la page littéraire du journal *En avant.* En 1936, il fonde *Les Pamphlets de Valdombre* et rédige mensuellement des articles qui ont le don et le talent de ne laisser personne indifférent.

En 1939, il fait son entrée à Radio-Canada à titre d'auteur d'un radioroman, **Le Déserteur**, réalisé par Guy Mauffette dans la série **Les Belles Histoires des pays d'En-Haut**. C'est le début d'un long bail avec la maison d'État. Probablement le plus long qu'ait jamais connu un auteur pour le développement d'un même thème. Claude-Henri Grignon immortalisera son œuvre en l'adaptant pour la télévision.

L'œuvre écrit de Claude-Henri Grignon est considérable. Essais, récits, biographies romancées, nouvelles, contes, théâtre, romans... dont le plus célèbre demeure **Un homme et son péché,** publié en cinquième édition chez Stanké—Radio-Canada en 1976.

À la radio de CBF, **Un homme et son péché,** toujours réalisé par Guy Mauffette, gardera l'horaire de 1939 à 1962. Vingt-trois ans!

Hector Charland et Estelle Mauffette y tiendront de façon remarquable les rôles de Séraphin et de Donalda.

Deux versions cinématographiques de **Un homme et son péché** sont tournées au Québec en 1949 et 1950. Hector Charland et Nicole Germain forment, cette fois, le couple illustre.

Puis la télévision, à son tour, de 1956 à 1970, nous fera revivre en noir et blanc, puis en couleurs, la saga des colonisateurs du Nord en même temps que les péripéties entourant le riche usurier et sa douce épouse végétarienne. Au petit écran, Jean-Pierre Masson et Andrée Champagne deviendront les héros inoubliables des **Belles Histoires...**

Claude-Henri Grignon reçoit le prix David, en 1935, pour **Un homme et son péché** et le trophée du Gala des artistes, 30 ans plus tard, pour **Les Belles Histoires...**

Élu maire de Sainte-Adèle en 1941, puis de 1949 à 1954, Claude-Henri Grignon est couronné «membre de la Société royale du Canada» en 1962 et décoré de la médaille de l'Ordre du Canada par le gouverneur général, M. Roland Michener, pour «sa contribution à la littérature canadienne, à la petite histoire et aux traditions du passé».

En 1968, on inaugure Le Village de Séraphin, à Sainte-Adèle.

Claude-Henri Grignon appartient à notre histoire du Québec et du Canada.

Et l'usurier de Grignon fait belle figure auprès de **L'Avare** de Molière!

Germaine Guèvremont

PILIER DE NOTRE CULTURE

Germaine Guèvremont est née en 1893 à Saint-Jérôme dans le comté de Terrebonne, où elle fera une partie de ses études, pour ensuite aller les compléter au Pensionnat de Lachine. Après avoir travaillé comme secrétaire dans un bureau d'avocats de Sainte-Scholastique, elle part pour Toronto étudier l'anglais et le piano.

En 1926, elle s'installe à Sorel, dans cette région d'îles dont elle va apprendre à connaître «les parfums les plus secrets, les lumières les plus diaphanes, le climat envoûtant». Tout en collaborant en tant que journaliste au *Courrier de Sorel*, elle devient correspondante de *La Gazette*.

Son sens de l'observation va permettre à Germaine Guèvremont d'enregistrer en elle les moindres détails de la vie paysanne, de la nature soreloise, des expressions familières aux gens qui l'entourent. Elle est remarquablement douée pour saisir sur le vif un travers, un tic, un trait caractéristique, le reflet d'un sentiment profond, une peine, enfin tout ce qui crée la personnalité de ces êtres qu'elle a certainement dû aimer profondément pour avoir, par la suite, pu les décrire avec tellement de tendresse.

Avant de se lancer dans l'écriture de romans, Germaine Guèvremont a fait publier une quarantaine d'articles pour *Paysana*, quelques-uns pour *La Revue populaire*, *Le Samedi*, *La Revue moderne*.

Au cours de l'année 1938, en collaboration avec son cousin Claude-Henri Grignon, elle participe à la création du radioroman **Le Déserteur**, réalisé à CBF par Guy Mauffette dans le cadre de la série **Les Belles Histoires des pays d'En-Haut.** La même année, elle signe pour le théâtre **Une grosse nouvelle**, qui sera reprise plus tard à l'émission **Théâtre d'été**, de Radio-Canada.

Les trois contes, publiés par *Paysana* en 1942 sous le titre d'**En pleine terre,** révèlent les qualités d'écrivaine et de peintre régionaliste de Germaine Guèvremont, laissant déjà présager la plénitude qui apparaîtra dans ses romans à venir.

La maison d'édition Beauchemin publie en 1945 **Le Survenant,** qui va paraître au cours de la même année en traduction anglaise et en traduction américaine. La critique accueille avec enthousiasme ce roman et la Société Saint-Jean-Baptiste de Montréal décerne à l'auteure le prix Duvernay, accordé annuellement à l'ouvrage littéraire qui sert davantage les intérêts du peuple canadien-français. Cette œuvre, d'un symbolisme puissant, place madame Guèvremont au rang des meilleurs écrivains du Québec. À la suite de la parution de cette œuvre marquante, l'auteure reçoit le grand prix de la littérature de la province de Québec, le prix David. Madame Guèvremont se voit également attribuer le prix français Sully-Olivier-de-Serres pour **Le Survenant,** qualifié de meilleur roman paysan. C'est la première fois que ce prix revient à un auteur de l'extérieur de la France.

Germaine Guèvremont continue à écrire pour la radio et plusieurs de ses pièces et de ses contes sont diffusés à CBF dans le cadre de la série **Les Voix du pays.**

En 1947 paraît **Marie-Didace,** suite logique du **Survenant.** Il n'y a aucune brisure entre ces deux romans, car on peut y retrouver cette famille Beauchemin, qui semble être la base solide sur laquelle l'auteure érige son œuvre. Les personnages de Germaine Guèvremont sont bien en chair, son petit monde du Chenail-du-Moine est attachant de simplicité et aussi de force; ces gens sont pétris comme des humains et non comme des héros, car à leurs qualités se mêlent des défauts et même des vices.

Sous forme de radioroman, CBF diffuse en 1952 **Le Survenant**, qui deux ans plus tard sera adapté pour la télévision par l'auteure qui, en donnant une forme physique à ses personnages, réussit à ne pas trahir l'image que s'en étaient faite les lecteurs et les auditeurs. Après quelques années, les intrigues du **Survenant** vont céder la place à celles de **Marie-Didace.**

Germaine Guèvremont a laissé un œuvre puissant, où la poésie se mêle au quotidien de ces êtres imaginaires à qui elle a su donner un véritable souffle de vie.

Paul Guèvremont

COMPLICE DU PUBLIC

En fouillant dans l'armoire aux souvenirs de Paul Guèvremont, nous pouvons voir se profiler un garçonnet de sept ou huit ans qui, pour la fête du directeur de son école, avait été choisi pour réciter une fable de La Fontaine. Pour Paul, fils d'instituteur, cette première confrontation avec le public allait faire naître un sourd désir informulé mais combien présent. À son entrée au collège de l'Assomption, ce souvenir revient à la surface au moment où l'adolescent commence à hanter la bibliothèque pour y côtoyer les auteurs dramatiques dont il dévore les œuvres.

Quelle est cette nuit constellée d'étoiles de l'été 1938? «C'est le plus beau moment de ma carrière alors que, sur le mont Royal, devant une foule de 10 000 personnes, j'ai joué Cyrano, ce personnage dont je rêvais depuis l'âge de 15 ans. Par la suite, nous avons repris la pièce dans diverses salles du Québec, si bien qu'en tout j'ai dû jouer Cyrano une bonne centaine de fois. Et toujours avec la même joie, le même enthousiasme.»

Mais c'est Théophile Plouffe qui attire maintenant notre attention. «Dès le moment où j'ai commencé à donner vie à cet ouvrier, à ce bon père de famille, j'ai senti un courant de sympathie s'établir entre le public et moi, je devrais dire et nous, les comédiens. **Les Plouffe** ont duré 15 années, dont neuf à la radio et six à la télévision. À force de travailler ensemble, il s'est créé une espèce de lien d'amitié entre les interprètes, si bien que ce sentiment traversait l'écran pour atteindre le public.»

En se bousculant, les souvenirs ne tiennent aucun compte de la chronologie. Voici donc Paul Guèvremont en 1934, alors qu'après avoir perdu sa première femme il épouse Aline Girard. Et voilà

159

l'arrivée des deux fils André et Michel. Bien sûr, il a fallu trouver un gagne-pain stable pour voir grandir en santé cette petite famille; alors, pendant une vingtaine d'années, monsieur Guèvremont a fait du neuf à cinq à la banque. Le soir, grâce au théâtre, il s'évadait de la routine. «Il nous arrivait de jouer à Montréal, mais le plus souvent nous faisions de la tournée, pas trop loin puisqu'il nous fallait revenir assez tôt pour nous rendre au boulot le lendemain. En 1942, après avoir quitté la banque, j'ai fait des tournées qui duraient quatre à cinq mois. Nous partions après Pâques pour ne revenir qu'à la fin de septembre.»

«Il fallait bien gagner sa croûte.» Cette phrase, Paul Guèvremont l'a dite sans amertume puisque, un peu plus loin, il déclare: «La vie a toujours été belle et bonne pour moi. Je vais répéter une réplique de la pièce **Évangéline deusse,** dans laquelle je joue en ce moment: «La vie, c'est un morceau de siècle, chacun fait la sienne et prend sa petite part de bonheur.»

Mais quel est ce jeune de 20 ans qui se dissimule sous le maquillage d'un homme de 60 ans? Eh oui! c'est Paul Guèvremont, spécialiste des compositions! Au théâtre, il a rempli tous les emplois, à l'exception toutefois de celui de jeune premier amoureux. Cependant, vers l'âge de 35 ans, il lui est arrivé de jouer un jeune premier comique.

Un beau défilé apparaît à l'horizon: c'est celui des théâtres montréalais où Paul Guèvremont a joué et a fait de la mise en scène, pour ensuite se retrouver comme directeur à ce MRT français célèbre parmi les anciens qui ont eu la chance de fréquenter ce populaire lieu de spectacles. Voici maintenant le cabaret Les Trois Castors, où le comédien s'est produit avec Jean Rafa.

Pêle-mêle, à travers les centaines de rôles qu'il a défendus au cours de sa carrière, surgissent des silhouettes venant des radioromans, des téléromans. L'on peut reconnaître Paul Guèvremont interprétant les pièces de la plupart de nos dramaturges.

Jusqu'à son décès, survenu le 7 mai 1979, Paul Guèvremont ne semble avoir eu d'autres passions que sa famille et son travail, disant que, pour ne pas s'ennuyer, il lui faudrait travailler jusqu'à son dernier jour.

Au moment de refermer l'armoire aux souvenirs, voici une belle déclaration du comédien alors âgé de 74 ans: «J'ai autant de plaisir à jouer que lorsque j'avais 20 ans. C'est vraiment le plus beau métier du monde et, si c'était à refaire, je le referais sans hésitation. Au moment où je suis monté sur une scène pour la première fois, je me suis fixé une espèce d'idéal; je ne l'ai pas encore atteint mais j'avance dans la bonne direction et je m'en rapproche un peu plus chaque jour, ce qui me donne une grande satisfaction lorsqu'à la tombée de la nuit je vois le ciel s'illuminer d'étoiles.»

Ernest Guimond

SIMPLICITÉ ET TALENT

En feuilletant l'album des souvenirs, il peut nous arriver d'entendre la voix qu'avait le chef de police dans **Un homme et son péché;** voici que surgit la silhouette de Zéphyr, l'oncle de Bedette, ce personnage dessiné avec tant d'humour par Germaine Guèvremont, l'auteure de la célèbre série **Le Survenant;** en allant du côté de la Gaspésie, on peut peut-être voir apparaître Baptiste Beaupré de la **Rue de l'Anse.**

Incapable de dénombrer les personnages interprétés depuis qu'en 1927 il montait pour la première fois sur les planches, Ernest Guimond se souvient par contre avoir joué dans toutes les salles de spectacle de Montréal ainsi que dans celles de la plupart des villes du Québec. Travaillant sans calculer son temps et son énergie, Ernest Guimond a connu de bien beaux moments dans ce monde théâtral, qu'il aimait passionnément.

Parvenu à l'âge de 80 ans, assez frais et dispos pour défendre encore de beaux personnages, Ernest Guimond avoue considérer comme un don de la Providence la belle santé dont elle l'a doté. «J'ai toujours été un homme sans excès, je me suis toujours discipliné. Aussi, il faut dire que j'ai été chanceux car je n'ai jamais manqué de travail.»

Tout au long de son existence, Ernest Guimond n'a certes pas eu le temps de flâner, de prendre de longues vacances. «Je ne me suis pas souvent croisé les bras. Pendant bien des années, j'ai dû exercer plusieurs métiers, car ce n'est pas avec ce que nous rapportaient le théâtre et la radio que nous aurions pu survivre.» Alors, pour faire vivre sa famille, il a successivement été vendeur de chaussures, polisseur de pianos, pianiste dans les salles où l'on présentait des films muets.

En 1926, alors que le cinéma parlant commence à supplanter le théâtre, monsieur Guimond entre à l'hôtel de ville de Montréal comme dessinateur au Service de la voirie. Il va demeurer à ce poste pendant 16 ans, jusqu'à ce qu'on le mette à la porte parce qu'il a osé avoir un deuxième emploi. «Je faisais de la tournée en fin de semaine, et aussi un peu de radio. La radio n'était qu'un à-côté puisque je ne recevais que trois dollars par émission; mais j'y tenais car je voulais garder le contact avec mes camarades et aussi avec le milieu.»

De 1927 à 1956, Ernest Guimond a dirigé une troupe qui jouait ses propres pièces, quelques comédies, mais surtout des mélodrames. «C'est Germaine Giroux qui a créé ma première pièce. Pour le théâtre, j'ai certainement écrit une quarantaine de textes, dont quelques adaptations et plusieurs originaux. J'ai aussi écrit une **Passion**, qui a été jouée en spectacle à grand déploiement. Mon plus grand succès, je l'ai remporté avec **Le Secret d'une carmélite,** pièce dont il a été donné 275 représentations. Aussi, j'ai beaucoup écrit pour la radio, environ 300 textes; il s'agissait de feuilletons qui duraient 13 semaines et qui se succédaient presque sans interruption.»

En avril 1974, un grand malheur s'abat sur Ernest Guimond; en quelques minutes, le feu dévore la plupart de ses textes ainsi que des photos et des programmes de théâtre, ces témoins de son passé. Cette destruction des archives et des manuscrits de monsieur Guimond constitue un véritable désastre et une grande perte pour les historiens de notre théâtre puisque, à ce moment-là, cet artiste comptait 57 années de carrière, donc de souvenirs bien concrets.

Malgré tout, Ernest Guimond allait encore pendant trois ans continuer à exercer un métier qu'il aimait par-dessus tout puisqu'il affirmait: «Même à neuf ans, alors que je n'étais pas encore monté sur une scène, jamais je n'ai pensé faire autre chose que de jouer la comédie. Je n'ai jamais eu le goût de faire un autre métier, et c'est la raison pour laquelle je ne crois pas pouvoir jamais éprouver le désir de prendre ma retraite.»

Ernest Guimond a joyeusement tenu un rôle jusqu'à la dernière minute d'une vie riche et bien pleine.

Olivier Guimond

LE PLUS GRAND COMIQUE

Il faudrait plus d'un livre entier pour raconter Olivier Guimond. Et ces livres sont d'ailleurs déjà publiés. Le plus grand comique du Québec a fait l'objet de tous les articles, reportages et interviews imaginables, dans les journaux et à la télévision. On connaît les détails de sa tendre jeunesse passée dans les coulisses du Théâtre national et dans les sous-sols d'églises, en province et en Nouvelle-Angleterre. On connaît la saga des comiques de son temps, Ti-Zoune père, madame Bolduc et tous les artistes de la troupe de Jean Grimaldi.

Oliver Guimond est incontestablement l'as du «burlesque», que d'autres appellent plus volontiers le vaudeville. Il est la relève avantageuse des Swifty, Pizzy Wizzy et Pick-Pick, qui lui ont toutefois appris son métier. Ses confrères comédiens n'hésitent pas à comparer Olivier Guimond, le fils, à Charlie Chaplin.

Son art tenait autant du mime et de l'improvisation que du jeu théâtral. Ses clochards, ses maris battus qui entrent ivres à la maison, ses chutes spectaculaires ont sans cesse enthousiasmé les foules.

L'art pratiqué par Olivier Guimond se prêtait mal à la technique radiophonique. Il lui a fallu attendre l'arrivée de la télévision pour rejoindre le public québécois au grand complet.

Invité à **Music-hall** à la télévision de Radio-Canada en 1958, il en sort avec un contrat pour la série **Pique-atout** de 1959. La même année, il se crée un nouveau public enthousiaste, celui des enfants, grâce à la série filmée **César**. En 1962, Radio-Canada l'invite à partager la tête d'affiche dans **Zéro de conduite** avec Paul Berval et Denis Drouin. On le voit dans l'opérette **Les Trois Valses**. Gilles Carle tourne pour Radio-Canada le film **Place à Olivier Guimond**.

Olivier Guimond n'abandonne pas tout à fait le cabaret avant les années 60. Avec son ami Paul Desmarteaux, qui tient lieu de «straight-man», il passera ses nuits blanches à faire crouler de rire le public des boîtes de nuit. Jusqu'au moment où la télévision réussira à se l'accaparer tout entier.

À la télévision privée, les téléséries **Cré Basile** et **Le Capitaine Bonhomme** vont le consacrer roi du rire.

Ses annonces publicitaires de Labatt vont même influencer le langage populaire.

À Radio-Canada, au début des années 70, la série **À la branche d'Olivier** et le spécial **Smash** représentent le moment de cauchemar professionnel de son existence. Il serait même tentant de le passer sous silence! Olivier Guimond, bien sûr, fut atteint par cet échec. Mais il s'apprêtait à prendre sa revanche à la maison d'État. Avec une équipe gagnante et capable de composer avec un artiste qu'il faut «laisser lousse» (c'est-à-dire avec Jean Bissonnette et Gilles Richer), il tranchait déjà le pain sur la planche en neuf émissions d'une heure dans le style des revues d'actualité **Bye-bye**. Cette fois-là, il n'était pas question de rater la cible! Nul ne pouvait prévoir, pas même Olivier Guimond, qu'un insipide ulcère d'estomac allait l'emporter en quelques mois.

L'ex-monsieur Radio-Télévision eût rougi d'assister à ses funérailles tant elles furent gigantesques. Plus imposantes que les funérailles des hommes d'État, la colonie artistique presque entière et la foule immense de ses admirateurs massés tout au long du cortège venaient en larmes offrir une dernière «standing ovation» à celui qui avait si bien su les dérider pendant 40 ans.

On aime toujours ceux avec qui on rit... Qui a écrit ça?

Il faut ajouter que la personnalité d'Olivier Guimond, sa générosité proverbiale, sa tendresse, sa compréhension humaine lui avaient créé là encore une réputation quasi héroïque.

Il avait même le péché sympathique! Sa facilité à lever le coude, parce que sans agressivité, ne portant atteinte qu'à lui-même, le rendait encore plus attachant, plus vulnérable, moins parfait, et par conséquent accessible.

Marié deux fois, père de trois garçons, on l'a pleuré aux quatre vents. Pourtant, la seule chose qu'il aimait... c'était de faire rire!

166

Paul Gury
(Loic Le Gouriadec)

UN BRETON VISIONNAIRE

Au début des années 40, ce Breton s'est particulièrement fait remarquer comme auteur de la série **La Fiancée du commando,** dont certaines des intrigues annonçaient à l'avance l'endroit choisi par les Alliés pour le débarquement: vision ou prédiction qui allait se concrétiser quelques semaines plus tard alors que les Canadiens débarquaient sur les plages de Normandie le 6 juin 1944.

À la suite du décès d'Eddy Baudry, Paul Gury va prendre la relève pour continuer à faire vivre les personnages de **Rue Principale,** dont les diverses intrigues vont se poursuivre jusqu'après l'arrivée de la télévision.

Paul Gury est originaire de Gourin, chef-lieu de Morbihan en Bretagne. Il émigre au Canada à l'âge de 19 ans et, à son arrivée à Montréal, il travaille dans une tannerie tout en suivant des cours d'art dramatique. Comme comédien, il débute dans une troupe qui monte les premières pièces qu'il écrit.

En 1923, désirant s'initier aux divers métiers de la scène, il retourne en France et y travaille avec des metteurs en scène de renom. Au cours des années subséquentes, il aura le plaisir de voir ses pièces montées dans plusieurs théâtres. Sa première œuvre présentée sur une scène parisienne est **Le Mortel Baiser**. Côté cinéma, il signe le scénario de **Le Mort en fuite,** qui en sa version française sera interprété par Jules Berry et Michel Simon, et dans sa version anglaise par Maurice Chevalier et Jack Buchanan.

Un jour, le goût de l'aventure canadienne le reprend. Il revient s'installer à Montréal. En 1937 débute pour cet artiste une prodigieuse carrière à la radio. Il signe plusieurs mises en scène au théâtre et il s'implique dans les premiers films tournés au Québec. Entre 1940 et 1945, il réalise **Un homme et son péché, Séraphin, Le Curé de village**. Plus tard, la télévision va lui donner l'occasion de défendre de beaux rôles dans plusieurs téléthéâtres.

Pour fêter ses épousailles avec une grande artiste canadienne, Paul Gury était retourné dans son pays d'origine. Le 10 janvier 1950, en la chapelle Saint-Philippe-du-Roule, était béni son mariage avec madame Yvette Brind'Amour.

Guy Hoffmann

GUY HOFFMANN... LE TITAN!

Cinq ans avant que Radio-Canada ne célèbre son cinquantième anniversaire, Guy Hoffmann, lui, fêtait ses 25 ans de télévision. En ce qui concerne le théâtre, le plus grand interprète de Molière chez nous avait déjà, à ce moment, catégoriquement franchi le cap de la trentaine.

À la fois le plus jovial et le plus grognon, apôtre de la franchise, de la communication directe et du regard lucide, il chevauche une carrière imposante de comédien et de réalisateur. Il connaît la scène par-dessus et par-dessous. Et, fait remarquable pour un héros de vie publique, ses succès innombrables n'arrivent pas à lui faire tourner la tête. «Parce que je viens de l'autre côté, du côté de la technique, moi», aime-t-il répéter, l'air gouailleur.

C'est vrai. À Paris, Guy Hoffmann avait fait ses premières armes en cinéma chez Pathé-Nathan comme assistant du cinéaste Christian Jacques. Affecté au service cinématographique de l'armée pendant la guerre, il sera tout de même fait prisonnier. Mais en Bélier fonceur, il s'évadera deux fois. Il sera toujours repris. À la fin des hostilités, il devient suppléant du mime Marceau à l'école de Charles Dullin. C'est là qu'il rencontre sa femme, Monique Chentrier, fille d'une épicière parisienne et du professeur de psychologie Théo Chentrier, bien connu des auditeurs de CBF. Tout ce beau clan viendra s'installer à Montréal en 1948.

Avec le père Émile Legault et les fameux Compagnons de Saint-Laurent (Roux, Gascon, Mauffette, Leclerc et compagnie), Guy Hoffmann plongera au cœur de sa passion, le théâtre. Pendant plus de 30 ans, il joue, tourne, enseigne, réalise inlassablement à un rythme quasi inhumain. Il affectionne particulièrement le public des enfants et réalise à la télévision de Radio-Canada les exquises séries du **Pirate Maboule** et de **Marie Quat' poches.** «L'auditoire d'enfants est le plus vrai. Ils vous disent ce que vous valez en 30 secondes. On ne perd pas de temps.»

Guy Hoffmann n'aura jamais perdu son temps. Avec 10 800 représentations sur scène et 101 téléthéâtres à l'antenne de Radio-Canada, ce cofondateur du TNM détient le record d'affichage au pays. Celui qui le talonne de plus près, c'est un autre cofondateur du TNM, Jean-Louis Roux. Et on n'a jamais calculé les innombrables participations à la radio, aux **Nouveautés dramatiques, Sur toutes les scènes du monde**, etc. On n'a pas calculé, non plus, ses réalisations à la télévision: **Montjoye, Y a pas de problèmes, Chez Denise,** plusieurs **Scénarios, Les Beaux Dimanches** et la série frémissante des **Histoires extraordinaires**, qu'il affectionnait particulièrement. Une œuvre de Titan! Son dernier rôle au théâtre: **Le Lion en hiver**, au Rideau vert. Sa dernière mise en scène: **La Cage aux folles.**

En reluquant la retraite, Guy Hoffmann lorgnait davantage du côté de son passe-temps déclaré, l'astrologie. Avant de nous quitter, il avait tracé de façon rassurante les courbes du siècle à venir. «On connaîtra, après 1985, un monde nouveau avec un léger déclin vers 1992. Mais il y aura ensuite une belle progression jusqu'en 2040.» Il connaissait si bien la carte du ciel... il doit y être allé tout droit!

Judith Jasmin

LE JOURNALISME À SON MEILLEUR

Très jeune, Judith Jasmin a eu la chance de voyager en Europe avec ses parents. Elle a fait ses études à Paris jusqu'à l'âge de 15 ans et, de retour à Montréal, elle les a poursuivies au collège Marguerite-Bourgeoys.

Cette compétente journaliste de la radio et de la télévision, reconnue pour ses prises de position fermes sur les sujets les plus controversés, a abordé le métier par le biais du journalisme écrit; elle a collaboré aux périodiques *Regards du Québec* et *Amérique française.*

La carrière radiophonique de Judith Jasmin débute en 1938 au moment où elle crée le personnage si doux, si sensible d'Élise dans **La Pension Velder**, de Robert Choquette.

Entrée à Radio-Canada en 1945, elle réalise plusieurs émissions radiophoniques telles que **Voix du pays** et **Studio G7**. Elle fait aussi la lecture de **Lettre d'une Parisienne** dans le cadre de l'émission **Chronique de France**.

Plus tard, elle va travailler au Service international de Radio-Canada, où elle réalisera de nombreuses émissions destinées aux auditeurs d'outre-mer.

En 1951, elle accompagne la princesse Élisabeth et le duc d'Édimbourg dans leur voyage à travers le Canada et, deux ans plus tard, Radio-Canada la délègue à Londres pour décrire les cérémonies du couronnement d'Élisabeth II.

De retour à CBF en 1953, elle se signale comme reporter jusqu'en 1957, alors qu'elle quitte Radio-Canada pour devenir correspondante libre à Paris. Grâce à sa souplesse et à son intuition, Judith Jasmin peut interviewer avec la même aisance artistes, savants, politiciens, religieux, écrivains, gens du peuple...

À la télévision canadienne, à compter de 1959, elle va participer régulièrement aux émissions traitant d'actualité. Nous reviennent à la mémoire ses reportages sur les bidonvilles de quelques pays économiquement faibles ainsi que les enquêtes qu'elle a menées sur l'instruction au Québec, la ségrégation raciale, la faim dans le monde.

À une journaliste qui lui demandait si, un jour, elle n'éprouverait pas le désir de s'établir ailleurs, dans un autre pays, Judith Jasmin avait répondu: «Pour y vivre définitivement, jamais. Voyez-vous, c'est encore ici qu'il y a le plus à faire, où travailler devient passionnant. Ça bouge, ça gronde, il y a tant de possibilités.»

Et sa profession l'entraîne à nouveau hors du Québec puisqu'en 1966 elle devient correspondante de Radio-Canada à l'ONU, et par la suite à Washington.

Le 7 mars 1972, la Société Saint-Jean-Baptiste de Montréal décerne à madame Jasmin le prix du journalisme Olivar-Asselin. À cette occasion, ses compagnes du Cercle des femmes journalistes saluent en Judith Jasmin la grande journaliste qui a fait sa marque avec audace et courage, et qui a su se réaliser dans un métier extrêmement important et si exaltant. Depuis ses débuts dans la carrière, Judith Jasmin «a toujours cherché à percer le mystère d'une personnalité, d'un pays, d'une situation politique pour le bénéfice de tous et de chacun».

Fernande Larivière

FEMME DE SOUTIEN...

On lui faisait jouer les personnages sympathiques, mères et tantes souriantes, célibataires tendres, généreuses et serviables.

À Radio-Canada, elle fut des équipes de **Beau temps, mauvais temps,** de **La Pension Velder,** d'**Anne-Marie** et de **Nérée Tousignant**.

Actrice aux visages multiples dans les téléthéâtres et les séries Quatuor, elle reçut la médaille du gouverneur général pour la qualité de ses rôles de soutien.

Clément Latour
(Bernard Hogue)

DU DROIT AU THÉÂTRE

Il ne faudrait pas s'imaginer Clément Latour taillé dans le même bois qu'Amable, cet homme triste et sans ressort dont le manque de volonté et de dynamisme faisait le désespoir de sa femme Phonsine. Que de souvenirs fait surgir l'évocation de ces deux personnages du **Survenant.** Le Chenail-du-Moine, si bien décrit par Germaine Guèvremont, revit l'espace d'un regret!

Il faut le redire, Clément Latour était un être totalement à l'opposé d'Amable. Intelligent, spirituel, humoristique, il était même reconnu pour son penchant à jouer des tours aux copains, surtout lorsqu'ils se trouvaient en tournée. D'un autre côté, il était extrêmement sérieux lorsqu'il s'agissait du travail et tous ceux qui ont joué avec Clément Latour s'entendent pour dire que, du fait qu'il était un comédien chevronné, il était facile de travailler avec lui, de lui donner la réplique.

Bernard Hogue est né à Montréal le 24 février 1911. Après des études classiques au collège Sainte-Marie, il fait son droit à l'Université de Montréal. Reçu avocat, il ouvre un bureau avec Louis Lapointe. Pendant quelques années, il fait partie de Jeune Canada, un mouvement oratoire à très forte tendance nationaliste. Puis un beau jour, il opte pour le théâtre.

Le 23 septembre 1938, Bernard Hogue épouse Claire Marsolais. Ils auront quatre enfants: Louis, Jean, André et Lucie.

En feuilletant les programmes de théâtre ainsi que les horaires radiophoniques de la fin des années 30 et des années 40, on retrouve le nom de Clément Latour comme comédien, scripteur et même réalisateur. Ici, aux émissions de nouvelles et de variétés présentées sous forme de réveille-matin aux auditeurs, on l'aperçoit au milieu d'un groupe de joyeux lurons formé de Rolland Bédard, Henri Letondal, Amanda Alarie, Juliette Béliveau et Henri Poitras. Et le voilà aux **Joyeux Troubadours** en tant que scripteur. Il fait partie de l'équipe des **Fridolinades** et, par la suite, il devient soldat aux côtés de **Ti-Coq.** Plus loin, il s'agit encore de guerre, mais cette fois, avec Henri Letondal, il est scripteur pour **Les Fusilliers de la gaieté.** Ayant comme maître de cérémonie Jean Lalonde, ce groupe diffusait les émissions à partir du camp militaire installé à Joliette. Ces joyeuses soirées endiablées étaient organisées dans le but de garder bien haut le moral des troupes appelées à s'en aller plus tard au front.

Et voici le nom de Clément Latour comme réalisateur de quelques théâtres radiophoniques. En 1942, il fait partie de la distribution de **La Dame de chez Maxim's,** de Georges Feydeau, présentée au Monument national par la Comédie de Montréal.

Les années passent et nous retrouvons Bernard Hogue à son bureau de direction du Service des parcs de la ville de Montréal. Sa rencontre avec Paul Buissonneau donne un résultat inattendu: Bernard Hogue préside à la naissance de La Roulotte, ce fantastique théâtre itinérant qui, depuis tant d'étés, fait la joie des enfants réunis dans les parcs de Montréal pour assister à une féérie sans cesse renouvelée. Grâce à un travail méticuleux, cet homme de théâtre doublé d'un bon administrateur a jeté les bases de toute une série de manifestations artistiques aussi bien qu'éducatives.

Bernard Hogue est décédé le 15 avril 1961 après avoir aidé à s'orienter quantité de jeunes artistes qui réclamaient ses conseils éclairés pour le choix d'une carrière.

Jean-Marie Laurence

AVEC OU SANS «E»?

De l'avis de ceux qui ont travaillé à ses côtés, Jean-Marie Laurence aura été «le grand artisan de la révolution linguistique au Québec».

Jean-Marie Laurence est né en 1906 à Saint-Faustin, petite municipalité des Laurentides. Il va faire du journalisme à *La Patrie* et à *La Presse* avant de se lancer dans une carrière d'enseignant, au cours de laquelle il travaillera aussi comme animateur radiophonique. À CBF, il a participé aux séries **Notre français sur le vif, La Langue bien pendue, La parole est d'or.**

Après avoir passé sept années au ministère de l'Instruction publique de la province de Québec, monsieur Laurence entre en 1962 à l'emploi de Radio-Canada, où il s'occupe tout d'abord des annonceurs, pour ensuite travailler au Service de linguistique. Pendant plusieurs saisons, il anime la série télévisée **Langue vivante,** contribuant ainsi à la promotion du français au Québec. Par la suite, jusqu'à sa retraite en 1975, monsieur Laurence a agi à titre de conseiller.

Les œuvres du linguiste comprennent une grammaire française, un traité de phonétique et de diction ainsi qu'un livre traitant des verbes.

Au lendemain de son décès, survenu en juillet 1986, Robert Dubuc, le chef du Service de linguistique de Radio-Canada, disait de celui qui avait été son professeur: «Homme d'une grande énergie et travailleur infatigable, Jean-Marie Laurence passera à l'histoire comme le grand agent de la mutation linguistique au Québec.»

André Laurendeau

LE PLUS ÉCOUTÉ

Pierre De Grandpré écrit à propos d'André Laurendeau dans *Histoire de la littérature française du Québec*: «Il a été depuis Asselin et Bourassa (Henri!) le journaliste canadien-français le plus écouté.»

Nationaliste fervent, humaniste et homme d'action, éditorialiste, homme politique, maître à penser, André Laurendeau a été l'un des Canadiens-français qui a le plus marqué son époque. Directeur de la revue mensuelle *L'Action nationale*. Député à Québec comme chef du Bloc populaire, de 1944 à 1948. Grand Prix de l'éditorial en 1956. Rédacteur en chef du journal quotidien *Le Devoir* en 1959. Membre de la Société royale du Canada. Fameux collaborateur, avec Davidson Dunton, à la Commission royale d'enquête sur le bilinguisme et le biculturalisme. Inscrit, à titre d'hommage posthume, au Temple de la renommée du journalisme canadien.

Et pendant toutes ces années, ceux qui admirent chez le journaliste une écriture d'une pureté toute classique ont le bonheur de se régaler doublement puisque André Laurendeau mène dans un même souffle une carrière littéraire et dramatique.

Auteur du roman **Une vie d'enfer**, publié chez HMH en 1965, il avait remporté en 1960 le grand prix du TNM pour **Deux femmes terribles**, pièce mise en scène par Jean-Louis Roux. À la télévision de Radio-Canada, maintes fois invité à **Carrefour** (l'émission «hot» en matière d'affaires publiques), il écrit de nombreux sketches pour la série **Affaires de famille**. En 1965, il anime **Pays et merveilles**. Puis entre 1957 et 1971, ses pièces de théâtre **Vertu des chattes**, **Marie-Emma** et **Les Deux Valses**, réalisées chaque fois par Jean-Paul Fugère, nous sont transmises dans le cadre du **Théâtre populaire** et du **Téléthéâtre**.

Tout au long de sa vie, André Laurendeau sera resté fidèle à ses premiers choix, marqués par des études en lettres et en histoire à l'Université de Montréal et par ses connaissances en sciences politiques acquises à la Sorbonne et à l'École des sciences politiques de Paris.

André Laurendeau s'inscrit dans l'histoire de Radio-Canada, bien sûr. Mais son action a marqué encore davantage notre histoire du Québec et notre histoire du Canada.

Guy L'Écuyer

L'UN DES GRANDS

Guy L'Écuyer a toujours été un passionné du théâtre. Tout au long de sa carrière, il a su préserver en lui sa qualité d'émerveillement, son don d'enthousiasme, ces caractéristiques des grands acteurs.

De 1949, année de ses débuts aux Compagnons de Saint-Laurent, jusqu'à 1985, Guy L'Écuyer a continuellement hanté les scènes. Que ce soit à Montréal, à Stratford, à Londres ou en France, à chacun des personnages qu'il a créés, le comédien a su insuffler un style nouveau et bien personnel.

Au milieu des années 50, avec des camarades, il fonde la Compagnie de Montréal, qui présente au Festival dramatique régional une pièce de Molière, **Le Médecin malgré lui.** Guy L'Écuyer y remporte le trophée du meilleur acteur. L'année suivante, c'est à titre de metteur en scène qu'à ce même festival il présente **Les Insolites,** de Jacques Languirand. C'est le triomphe pour la Compagnie de Montréal, qui remporte alors huit trophées.

C'est par le biais des séries enfantines que ce fantaisiste est entré dans la vie des adultes d'aujourd'hui. En effet, qui pourrait oublier sa présence bien vivante dans **L'Île au trésor,** dans **Le Grenier aux images,** dans **Fanfreluche,** dans **Picotine...** En retournant encore un peu plus loin, on peut entrevoir Parfait dans **Le Survenant** et tous les autres personnages qu'il a incarnés dans les télé-théâtres.

Au cinéma, le comédien a remporté un vif succès populaire dans **La Vie heureuse de Léopold Z.** Par la suite, les réalisateurs ont maintes fois fait appel à ses talents et on a pu applaudir Guy

L'Écuyer dans des longs métrages ainsi que dans plusieurs films de l'ONF.

Un grave accident de voiture survenu au début de l'année 1965 avait fait craindre à Guy L'Écuyer de ne pouvoir remonter sur une scène. Avec courage, soutenu par sa femme, par ses enfants et par ses amis, il avait réappris à marcher.

À l'automne 1985, dans une courte série présentée à la télévision de Radio-Canada, Guy L'Écuyer a vivement marqué les spectateurs par son interprétation d'un personnage pittoresque dans **Un amour de quartier.** Tour à tour grognon, sympathique, malcommode, tendre, pathétique, Guy L'Écuyer semblait ainsi dire adieu à tous ses personnages ainsi qu'à son public.

Tout au long des années, Guy L'Écuyer a bellement accompli son travail d'acteur sans jamais décevoir les spectateurs, qu'il a tour à tour fait rire et pleurer.

Ovila Légaré

LA PUISSANCE,
LA GLOIRE ET L'HUMOUR...

«**J**e suis sans doute un peu profiteur puisqu'à ma naissance, je ne pesais que huit livres et que la balance m'en accuse maintenant deux cents. C'est d'ailleurs tout ce que j'ai pu ramasser durant ma carrière!»

Un géant. Non pas surtout par la taille physique mais par la taille de sa carrière. Depuis le moment où, à 19 ans, il fonde sa troupe de théâtre La Bohème, Ovila Légaré ne cesse de chanter dans les opérettes et les spectacles de folklore ou de jouer au théâtre, à la radio, au cinéma et à la télévision.

À CBF, il est de toutes les émissions: **Ovide et Cyprien, Le Curé de village, Les Amours de Ti-Jos** (avec le quatuor Alouette et Fred Barry), **Eustache et Lumina** (qu'il interprète avec sa femme, Jeannette Deguire), **Nazaire et Barnabé, Zézette, Le Médecin de campagne, Métropole**... la liste n'en finit plus!

À la télévision de Radio-Canada, à travers une foule de personnages aux caractères variés, son rôle du Père Didace dans **Le Chenal du moine, Le Survenant** et **Marie-Didace** remporte sans doute la palme de popularité. En étroite rivalité toutefois avec J.B. Latour dans **La Pension Velder** et **Quinze ans plus tard**, et Jérémie Martin de **Sous le signe du Lion**. Encore que le grand-père de **Quelle famille**, le Père Graton de **Montjoye** et le curé de Normand-ville de **Absolvo te** n'ont pas dit leur dernier mot!

Et dans les téléthéâtres? Non, il est impensable de tout relever... Il joue Germaine Guèvremont, Marcel Dubé, Guy Dufresne, Jean-Pierre Rémillard. «Quand on a besoin d'un interprète "canayen", dit-il, c'est moi qu'on prend. Je ne m'en plains pas d'ailleurs. Il

paraît que j'ai une certaine facilité à prendre l'accent... marseillais!»
C'est vrai. Le **César** de Pagnol qu'il crée à Radio-Canada demeure
inégalable. Ce qui boucle la trilogie puisqu'il avait déjà joué dans
Marius et **Fanny** au Monument national.

En 1972, Ovila Légaré publie un recueil de chansons folkloriques
intitulé sans détour **Les Chansons d'Ovila Légaré**.

Au cinéma... **Le Père Chopin, La Forteresse, La Citadelle** (il
ne manque que le château Frontenac!), **Le Curé de village, Le
Rossignol et les Cloches, Et du Fils..., The Thirteen Letter, I
Confess** ...en voulez-vous encore? «J'ai tourné un film américain
sur l'affaire Gousenko, mais on m'a trouvé trop moche pour jouer
un Russe. On m'a fait interpréter le rôle d'un inspecteur de la
RCMP!»

Sur scène, après 60 ans de théâtre en anglais et en français, de
Ti-Thur au bain à **Le Vent sur la falaise** avec l'Égrégore, qui le
conduit dans une tournée à travers la France, on pardonnera les
omissions... «J'ai joué avec la plupart des cercles dramatiques de
Montréal (pour des prunes). Mes débuts à la scène furent désas-
treux, ce qui fit que mes parents me rirent au nez quand je leur
annonçai que je me destinais au théâtre. C'est d'ailleurs pour ça
que j'ai toujours fait rire!» «Et c'est à peu près tout ce que j'ai fait,
à part des enfants et des petits-enfants. Si vous savez autre chose
de moi, je vous prie de l'ajouter vous-même.» Ces déclarations sont
extraites d'un «autoportrait» publié dans *Canada Magazine* en juillet 1954.

Ce qu'on sait? C'est que «monsieur Légaré», avec ses sourcils fron-
cés, son tempérament de feu, sa moustache et son air bourru, demeure le plus attachant et l'un des acteurs les plus admirables de
la colonie artistique québécoise. Il n'a pas «fait carrière»... il a
consacré sa vie au théâtre.

Émile Legault

LES COMPAGNONS DE
SAINT-LAURENT

En 1937, le père Émile Legault avait été chargé par son curé de préparer un spectacle pour souligner le centenaire de la paroisse Saint-Laurent, où il était vicaire. Après consultation avec l'homme de théâtre Roger Varin, spécialisé dans les jeux choraux, son choix s'arrêta sur **Le jeu de celle qui fit la porte s'ouvrir**. Donné sur le porche de l'église pendant sept dimanches consécutifs, le spectacle devait remporter un si vif succès qu'il fut ensuite repris sur le parvis de l'église Notre-Dame.

Et c'est ainsi qu'allait débuter la belle et grande aventure des Compagnons de Saint-Laurent, cette troupe où sont passés plusieurs de nos grands comédiens avant d'aller se perfectionner en Europe. Cette expérience, vécue de façon si intense par l'animateur et par ses compagnons, allait susciter chez plusieurs le désir d'aller plus loin dans la découverte d'œuvres encore inédites ici ainsi que dans la recherche d'une nouvelle approche dramatique.

À cette époque, le seul véritable enseignement théâtral se donnait directement sur scène alors que le métier s'acquérait au fil des productions. Chez les Compagnons, les aspirants comédiens apprenaient tous les métiers, de la construction des décors à la fabrication des costumes et des accessoires, du travail de machiniste à la vente des billets, de la fabrication des masques à celle des programmes et des affiches. Seul animateur au début, Émile Legault suscita bientôt l'enthousiasme de quelques professionnels qui vinrent se joindre à lui pour enseigner aux nouveaux arrivants. Aujourd'hui, quand on parle des Compagnons de Saint-Laurent, on a l'impression de faire allusion à une phénoménale institution nationale.

Mais d'où venait donc cet homme qui allait donner une nouvelle orientation au théâtre? Né à Saint-Laurent le 29 mars 1906, Émile Legault est ordonné prêtre à la cathédrale de Montréal en 1930. Pendant ses six années de professorat au collège Saint-Laurent, il s'occupe du journal de la JEC et il fonde le journal paroissial *Le Crieur*. En 1938, boursier du gouvernement du Québec, il part pour Paris, où il va pouvoir établir d'excellents contacts avec les grands du théâtre, qui par la suite l'aideront à consolider sa jeune troupe.

Émile Legault va ensuite partager ses heures entre le théâtre, l'écriture, les conférences, la radio et la télévision. Tour à tour, il sera participant à des émissions culturelles, commentateur d'événements religieux, chroniqueur dans plusieurs journaux. À compter de 1973, sur les ondes de CBF, il a animé une partie de l'émission dominicale **Le Matin de la fête**.

Par ses écrits, ses paroles, ses gestes, sa philosophie, cet homme dynamique a fait surgir en plusieurs de ses compatriotes le goût du dépassement et, de plus, il a contribué au renouveau de la pensée et de la recherche théâtrales.

Jean-Marie Lemieux

VERS LE PINACLE

Un artiste intense, de grande classe, à l'immense talent. L'un des plus grands de sa génération. Et un homme parmi les plus actifs dans le milieu théâtral, comme metteur en scène et comme directeur. On l'avait approché pour succéder à Jean-Louis Roux à la direction du TNM. Déjà en 1976, il fondait à Québec le Théâtre du Bois-de-Coulonge, qui se vouait aux grandes œuvres du répertoire, en saison estivale. Avec un groupe de collaborateurs, dont Rachel Lortie, sa femme, il venait de mettre sur pied la Quinzaine internationale de théâtre, à Québec.

Il meurt à 45 ans, après 19 ans de carrière, au moment où il atteignait la plénitude de son talent. Jean Duceppe, avec qui Jean-Marie Lemieux avait créé **Charbonneau et le Chef** sous la direction de Paul Hébert, déclarait dans le journal *Le Soleil*: «Nous perdons un grand acteur dont la carrière allait atteindre la taille de celle d'un Fred Barry à son époque.»

Né à La Pocatière, étudiant en médecine à l'Université Laval où il dirige en même temps la Troupe des treize, il plonge tête première dans le théâtre en 1966, après trois ans de conservatoire à Québec. Engagé par les grandes troupes de théâtre institutionnel, le TNM, le Rideau vert, la NCT, le Centre national des arts, le Trident, la Compagnie Jean Duceppe, il deviendra un remarquable monseigneur Charbonneau dans **Charbonneau et le Chef**, qui bat tous les records d'assistance au Québec, au moins depuis 25 ans.

Jean-Marie Lemieux joue fréquemment à la radio de CBF et de CBF-FM. Il tourne **D'Iberville** pour la télévision, joue pour les enfants, et pour les grandes personnes dans **Les Belles Histoires des pays d'En-Haut, Moi et l'autre, Les Forges de Saint-Mau-**

rice, La Petite Semaine, La Petite Patrie, Quinze ans plus tard et une foule de pièces dramatiques présentées aux **Beaux Dimanches**. Son interprétation d'Othello dans la pièce de Shakespeare réalisée par Jean Faucher demeure exceptionnelle.

Passionné pour la fine bouffe, les échecs (ou plutôt le jeu d'échecs!) le poker, il est aussi champion de scrabble, amateur de chasse et de pêche, d'équitation et de voyages. «Si je gagne un million à la loterie, disait-il, j'emmène ma femme et mes enfants faire le tour du monde dans un vrai voyage d'aventures. Moi, la bagnole, la grosse maison, ça ne me dit rien.»

Il préfère les planches... Et sur les planches, il affectionne en particulier ses rôles dans **L'Échange, La Chatte sur un toit brûlant, L'Oncle Vania** et, bien sûr, Charbonneau. Envers et contre toute tradition, il se fait aimer à Montréal pour retourner ensuite à Québec. Le Théâtre du Bois-de-Coulonge poursuivra l'action de son fondateur, grâce à Rachel Lortie et François Tassé.

«Aux États-Unis, disait Jean-Marie Lemieux dans *La Presse*, en 1984, le théâtre vit grâce à l'entreprise privée. Il est temps que les entreprises comprennent, chez nous, qu'il y a d'autres organisations à épauler que les organismes sportifs.»

Quelques jours après son départ, les Productions Jean-Marie Lemieux présentaient à Montréal, au théâtre Félix-Leclerc, la comédie américaine de Bernard Slade **Même jour, même heure, l'année prochaine**...

Pour la première fois, Jean-Marie Lemieux ratera le coche!

Léo Lesieur

LÉO
— LE ROI DE LA RADIO —
LESIEUR

Léo Lesieur...

L'une des plus grandes têtes d'affiche, à l'époque de la radio. Un pionnier comme producteur, directeur musical, compositeur et interprète, nous rappelle le journaliste encyclopédique Philippe Laframboise. Léo Lesieur est aussi le guide de nombreux artistes et l'un des premiers chansonniers à franchir les frontières. CBF peut se piquer d'avoir servi de tribune privilégiée à son immense talent.

Combien de fois a-t-on entendu, lancé par la belle voix grave des annonceurs: «À l'orgue... Léo Lesieur!» À la radio, qui profitait dans les années 40 de son titre de «reine des foyers», Léo Lesieur pouvait se vanter d'être le roi.

On parle d'un temps où le différé n'était pas encore en vigueur. Les studios sophistiqués non plus. C'était le temps du direct et des émissions réalisées dans les salles publiques. C'était aussi le temps où les musiciens virtuoses et les chefs d'orchestre jouissaient d'une aussi grande popularité que les comédiens et les chanteurs.

À Radio-Canada, Léo Lesieur fut de la toute première heure, juste avant la guerre de 39. Il était alors producteur-directeur-accompagnateur de grands noms de la chanson: Paulette Mauve, Jean Lalonde, plus tard Lucille Dumont, etc.

Pionnier du disque, il collabore aux premiers enregistrements, chez RCA Victor. Avec d'autres vedettes de la chanson, Rolande Bernier, Roland Bédard, Muriel Millard. Comme compositeur, sur des paroles écrites par Henri Letondal et Hector Pellerin, il signera **Tango**

d'amour, Petite fleur de la misère, Pour toi mon amour, Pourquoi, qui furent les tubes du temps. Le nom de Léo Lesieur a été mêlé à la presque totalité des activités artistiques et musicales de l'époque de guerre et d'après-guerre.

Plus tard professeur de piano, d'orgue et de chant, Léo Lesieur verra encore ses chansons enregistrées sur disques par Margot Lefebvre, Serge Laprade, etc.

Ce Franco-Canadien était venu de Lowell, dans le Massachusetts, pour permettre au Québec de prendre son envol. Radio-Canada lui aura fourni les meilleurs outils...

Henri Letondal

DE MONTRÉAL À HOLLYWOOD

Il n'est pas facile de cerner la carrière d'Henri Letondal, qui nous apparaît comme un véritable homme-orchestre. Voici une brève liste des tâches qui occupaient ses journées et une partie de ses nuits: comme journaliste, il collaborait à *La Patrie* et à *La Presse*; à L'Arcade, il cumulait les fonctions de producteur, metteur en scène et comédien. Directeur de la programmation à CKAC, il n'en écrivait pas moins les sketches pour la série **Les Joyeux Troubadours**, présentée à Radio-Canada. Dans sa période la plus active au Québec, tout en écrivant des chansons et de la musique de scène, il a écrit plus de 500 textes pour la radio et pour la scène.

L'année 1946 marque le point tournant de sa carrière. Le temps de s'évader de Montréal pour de courtes vacances, Henri Letondal accepte l'offre qu'on lui fait de tenir un rôle dans la production américaine **St. Lazare's Pharmacy,** qui va remporter un beau succès. Le soir de la dernière, un représentant de la compagnie cinématographique 20th Century-Fox, qui a remarqué son travail professionnel, le choisit pour jouer un rôle dans **The Razor's Edge.** Et Henri Letondal part pour Hollywood.

Les mois succédant aux années, Henri Letondal va demeurer dans cette ville, où il jouera avec des acteurs fort populaires tels que Ray Milland, Charles Laughton, Kirk Douglas... Au cours des six premières années dans la capitale du film, monsieur Letondal est apparu dans 16 productions.

Pendant plusieurs années, Henri Letondal a été correspondant pour des postes de radio et pour des journaux montréalais, faisant parvenir de Hollywood nouvelles et entrevues. Ayant réussi très vite à se faire des amis dans ce milieu que pourtant on disait fermé, le comédien n'avait aucune difficulté à y faire également son travail de journaliste et même, à l'occasion, celui de professeur, car il lui arrivait de donner des cours de français à ses compagnons de travail, qu'il avait su charmer par sa bonne humeur proverbiale.

André Mathieu

LE PETIT MOZART CANADIEN

André Mathieu, qui dans son enfance et tout au cours de sa jeunesse avait été applaudi un peu partout dans le monde, aurait sans doute éprouvé une grande joie s'il avait pu, en 1976, assister aux cérémonies officielles des XXIᵉ Jeux olympiques dont les musiques de scène avaient été composées sur des thèmes extraits de son œuvre.

L'enfant, qu'on allait surnommer «le petit Mozart canadien», avait comme mère une violoniste et comme père un compositeur, brillant pianiste et excellent professeur. Très tôt, la jeune maman a rêvé de musique pour son enfant; elle racontait au petit de belles histoires, particulièrement celle de l'arrière-grand-père maternel, un aventurier qui avait participé à la bataille historique de Saint-Eustache... En écoutant ces hauts faits, André va découvrir peu à peu sa patrie, une patrie humiliée qu'il se jure alors de délivrer quand il sera grand. Ces enseignements, pris sur les genoux de sa mère, commenceront à lui former une conscience politique; lorsqu'il atteindra sa majorité, il se mettra alors à la tête du parti nationaliste le Bloc populaire, pour lequel il écrira **Le Chant.**

Cependant, avant de parvenir à ces années difficiles, il reste au petit bien des découvertes à faire. Il s'émerveille des sons qui sortent du piano de son père, du violon de sa mère, de l'horloge...

André a quatre ans lorsque, pour la première fois, il fait entendre à sa mère la belle histoire qu'il a composée. La mère pleure de joie en écoutant la première composition de son enfant et elle réussit à convaincre son mari de commencer à lui enseigner le piano. Par la même occasion, le père décide de mettre sur papier les compositions que son fils joue tout naturellement aussitôt qu'une jolie histoire l'inspire.

Le jeune compositeur a tout juste cinq ans lorsqu'en 1935 il est découvert par le public à l'occasion d'un concert donné au Ritz Carlton; en quelques heures, le petit prodige est propulsé au rang de vedette, tous les imprésarios se le disputent et des agents de New York s'intéressent à lui.

En 1936, avant de partir pour l'Europe avec ses parents, André donne une vingtaine de concerts; l'orchestre d'André Kostelanetz l'accompagne lors d'un concert radiophonique retransmis aux États-Unis; à Québec, dans la salle du Conseil législatif, il s'exécute devant ministres et députés, et à cette occasion monsieur Maurice Duplessis annonce à l'enfant et à ses parents l'octroi d'une bourse qui lui permettra d'aller étudier avec de grands maîtres.

Durant son séjour d'un mois à Londres, André se produit à la radio et, dès son arrivée à Paris, on lui organise un concert à la salle Chopin, où il reçoit une véritable ovation.

Durant son séjour en Europe, il va donner des concerts à Troyes, à Lisieux, à Bruxelles, en Autriche. Partout où il passe, critiques et mélomanes s'inclinent devant son talent exceptionnel.

Sa carrière sera de courte durée puisque le 2 juin 1968 une nouvelle stupéfiante parcourt le monde: à l'âge de trente-neuf ans, le génie québécois vient de s'éteindre. André Mathieu a laissé au Québec un œuvre original qui a enrichi notre patrimoine de plus d'une centaine de partitions.

Jeanne Maubourg

L'ÉBLOUISSANTE
JEANNE MAUBOURG

Le nom prestigieux de Jeanne Maubourg nous porte merveilleusement au début du siècle, à l'heure où la radio montréalaise en est à peine à ses premiers balbutiements. Le temps et l'habitude de nommer «madame Maubourg» comme une véritable institution dans le domaine du chant et du théâtre, et à titre de géant de l'enseignement vocal et dramatique finissent par nous faire oublier quelle grande artiste elle était effectivement!

D'origine belge, fille d'un chef d'orchestre, Jeanne Maubourg avait grandi à Namur; elle avait étudié le chant et l'art dramatique à Nancy, à Alger et à Paris. Ses maîtres, loin d'être des «deux-de-trèfle», étaient au contraire reconnus comme des as: Maurice de Feraudy en théâtre. Et Vincent d'Indy en musique.

Avec une voix superbe de mezzo-soprano et un extraordinaire talent de comédienne quasi introuvable à l'opéra, elle se fit rapidement une réputation et vit les plus grandes maisons lui ouvrir toutes grandes leurs portes.

Dix ans au Théâtre royal de la monnaie, à Bruxelles, sous la direction de Puccini lui-même (qui modifia même pour elle la **Valse de Musette** dans **La Bohème**) et de Massenet. Six ans à Covent Garden de Londres, avec des partenaires tels que Caruso, Plançon, Emma Calve, Tetrazzini, etc. Cinq ans au Metropolitan Opera House de New York, dirigé par Toscanini dont elle était, dit-on, la «protégée».

Malgré ce succès aux États-Unis, Jeanne Maubourg n'aima jamais New York. Peu de temps après une tournée canadienne du Met, elle s'installa au Québec, en 1915. Quelques années plus tard, elle devait faire la connaissance du réputé professeur et chef d'orchestre

Albert Roberval, qui devenait son mari devant Dieu et les hommes. Jeanne Maubourg n'allait plus nous quitter.

On comprend que tous les jeunes comédiens du temps se soient littéralement rués vers l'école tenue par «madame Maubourg», si riche en connaissances et en expérience artistiques. On peut compter sur les doigts de la main les comédiens de radio qui ne passèrent pas par ses studios ou par le conservatoire Lasalle, où elle était également professeure attitrée.

Âme et tête d'affiche de la Société canadienne d'opérette, Jeanne Maubourg fut une pionnière de la radio chez nous, tenant des rôles de premier plan dans une foule d'émissions mémorables: **Jeunesse dorée, Métropole** (rôle de madame Velder), **Les Soirées de chez nous, Radio-Collège, Les Opérettes Molson,** etc.

La mort de celui qu'on appelait «papa Roberval», survenue en 1941, laissa «maman Maubourg» complètement désemparée... jusqu'au moment où elle s'éprit d'un artiste à la retraite, mMonsieur Auguste Arami, qu'elle épousa en 1947. Jeanne Maubourg nous fit ses adieux en 1953. Comme plan de carrière, qui dit mieux, 30 ans plus tard?

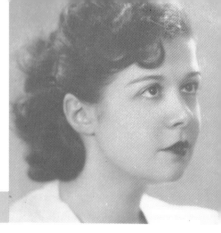

Estelle Mauffette

LA PREMIÈRE DONALDA

Estelle Mauffette, c'est la douce, jeune et mélancolique Donalda, cette héroïne des pays d'En-Haut que Claude-Henri Grignon nous a tout d'abord fait découvrir à la radio. La magie du verbe, alliée à une interprétation vivante et toute en nuances, nous faisait pénétrer dans un monde dont chaque auditeur pouvait imaginer les contours au gré de sa fantaisie. Donalda fit de la comédienne Estelle Mauffette l'idole du public, à qui il arrivait de ne plus différencier la vie de l'interprète de celle du personnage. Il fut une époque où, au nom de Donalda, Estelle Mauffette recevait des lettres par centaines ainsi que des présents destinés à adoucir sa vie d'enfer aux côtés de Séraphin. Pour ceux qui l'ont connue, la belle époque de la radio reste inoubliable car elle leur a fait vivre des heures de rêve.

Lorsqu'elle montait sur scène, Estelle Mauffette n'avait plus du tout l'apparence de Donalda. Pendant bien des années, les amateurs de théâtre ont eu l'occasion de l'applaudir dans les rôles les plus divers. Comédienne de talent, amante de la beauté, elle s'est donnée toute entière à ce métier qu'elle adorait. Le public lui a dit son amour et son admiration en l'élisant reine lors du Gala des splendeurs de 1942. Seule la maladie a pu un jour la contraindre à abandonner cette carrière à laquelle elle se donnait passionnément.

Estelle Mauffette est née au sein d'une famille d'artistes, elle a vécu dans une atmosphère extraordinaire, faite de joie, de musique et d'amour. Ses grands-pères Lavigne et Mauffette étaient organistes de talent. Sa mère avait une très belle culture musicale, si bien que chacun des bébés qui arrivait à la maison s'endormait au son du piano.

Estelle Mauffette confie que ses plus beaux souvenirs remontent aux jours heureux où elle assistait à des concerts avec ses parents.

Ce ne sont pas les études qui ont incité la jeune fille à s'orienter vers le théâtre, mais bien plutôt le besoin de beauté qu'elle ressentait grâce à l'éducation reçue à la maison. «Les grands-parents Lavigne, qui aimaient beaucoup le théâtre, nous rapportaient de leurs voyages à Paris des revues de théâtre du début du siècle. Les images qu'on y découvrait nous faisaient rêver!»

Discrète, Estelle Mauffette hésitait toujours à parler d'elle. Elle préférait faire l'éloge de la musique, de la littérature, de la peinture, enfin de tout ce qui avait marqué ses jeunes années et l'avait peu à peu acheminée vers la femme cultivée, l'artiste vibrante qu'elle était devenue. «Quand toute jeune j'allais voir jouer la troupe Barry-Duquesne, je ne pensais pas qu'un jour j'interpréterais les premiers rôles de ces pièces que j'appréciais tellement.»

Au fil des ans, madame Mauffette a interprété de très beaux personnages au théâtre et à la radio. Que de souvenirs se rattachent à ces années où, en compagnie de son frère Guy, elle animait des émissions de musique à la radio. «Ensemble, tous deux, nous avons également fait de nombreux reportages en commentant les grands événements mondiaux.»

Estelle Mauffette sourit au souvenir de ces années où elle faisait partie du groupe de pionniers du monde artistique québécois qui tentait de se définir, de trouver sa propre expression. Alors que sa carrière radiophonique allait bon train, elle avait accepté l'anonymat des Compagnons de Saint-Laurent pour répondre à la demande du père Émile Legault, qui avait besoin, pour renforcer son groupe, de quelques artistes d'expérience. Cette époque héroïque allait d'ailleurs donner un bel élan au théâtre.

La vie de cette jeune femme était merveilleusement organisée. Estelle Mauffette était à l'apogée de sa carrière lorsque, soudainement, un soir qu'elle recevait des amis dans sa demeure, un sombre visiteur se présenta. Elle se pencha pour ramasser un livre, et elle fut ensuite incapable de se redresser. La thrombose cérébrale venait d'abattre cette femme qui allait ensuite demeurer paralysée, incapable de poursuivre sa carrière. Comment Estelle Mauffette a-t-elle bien pu échapper au désespoir? «J'aime les défis et je voulais continuer à vivre parce que j'aime la vie.»

La lecture est alors devenue pour cette femme une compagne d'une inépuisable richesse. La peinture lui a également tenu compagnie, celle des autres ainsi que les siennes. Avec beaucoup de talent, elle a peint des toiles où son riche monde intérieur pouvait prendre son envolée. Dans sa retraite, elle a eu le loisir de réfléchir, de regarder vivre et évoluer le monde. Elle a également écrit afin de tenir son esprit continuellement en éveil.

Avant de nous dire au revoir, Estelle Mauffette nous avait fait cette merveilleuse déclaration: «Ah! retrouver ma jeunesse! Je recommencerais tout avec joie! La jeunesse, ça demeure quelque chose de vivant! C'est vraiment féérique!»

Maurice Meerte

LA BAGUETTE MAGIQUE DE
MAURICE MEERTE

Maurice Meerte vient d'une famille de musiciens, si bien que l'étude de la musique va automatiquement faire partie de sa formation au moment où il s'attaque au cours classique. Il en sera de même lorsqu'il commencera des études pour se lancer dans la carrière de vétérinaire. Afin de se procurer de l'argent de poche, il commence à jouer dans les cinémas alors que l'orchestre accompagne l'intrigue dans les films muets. Constatant que, s'il le désire vraiment, il pourrait se faire une carrière intéressante dans le domaine de la musique, le jeune homme abandonne ses études de vétérinaire.

On le retrouve comme responsable de la musique dans les soirées d'amateurs. Plus tard, dans les revues montées par Eddy Baudry, il dirige la formation musicale et fait ainsi de nombreuses tournées un peu partout au Québec. Chef d'orchestre fort populaire, on le retrouvera également dans tous les galas d'artistes. Il sait faire danser filles et garçons au son d'une musique endiablée, car il conduit avec entrain son orchestre, qu'il peut entraîner aussi bien dans la musique populaire que dans la musique classique.

À la radio, il sera tout d'abord engagé à CFCF, ensuite à CKAC. En effet, monsieur Meerte peut être considéré comme un pionnier de la direction orchestrale radiophonique. C'est lui qui, en 1931, allait diriger la première émission d'opéra mise sur les ondes au Canada; il s'agissait de **Cavalleria rusticana.** À partir de cette époque, innombrables sont les programmes auxquels a participé Maurice Meerte, que ce soit à une station radiophonique ou à une autre. Sur les ondes de Radio-Canada, il a donné le ton ironique de mise à l'émission **Radio-Carabin.**

Dès 1957, on retrouve le réputé chef d'orchestre dirigeant les musiciens de **Chansons canadiennes,** une série télédiffusée et radiodiffusée aux réseaux français de Radio-Canada. Lors de maintes émissions de variétés, on a pu voir monsieur Meerte dirigeant des orchestres; qu'on se souvienne de **Music-hall,** émission animée par Michèle Tisseyre puis par Jacques Normand, et que d'autres encore.

Au cours de sa longue carrière, cet homme chaleureux a accompli honnêtement son métier dans le but de servir le public et la musique. Il a également aidé bien des jeunes à développer leur talent musical. Même parvenu à 80 ans, Maurice Meerte acceptait avec joie de donner son avis et des conseils judicieux à ceux qui faisaient confiance en sa longue expérience.

Maurice Meerte était âgé de 84 ans lors de son décès survenu en octobre 1981.

Pierre Mercure

L'AUDACE DE
PIERRE MERCURE

«Le Canada français a perdu un de ses compositeurs les plus audacieux et les plus imaginatifs, un de ceux qui avaient vraiment quelque chose à dire», reconnaissait Serge Garant en 1962, au moment de la mort accidentelle de Pierre Mercure. Une figure dominante dans le monde de la musique au Canada.

À 19 ans, il avait écrit la musique de scène pour **Alice in Wonderland.** Son œuvre **Pantomime,** écrite en 1948 pour instruments à vent et percussions, fut tout de suite bien accueillie, qualifiée de «lively and pleasingly dissonant» dans le *Toronto Telegram.*

En 1952, Pierre Mercure fut invité à produire plusieurs émissions à la télévision de Radio-Canada. À l'origine de **L'Heure du concert** et de sa version anglophone, **The Concert Hour,** il met également sur pied la série **Concert pour la Jeunesse,** contribuant du coup à l'élargissement de la culture musicale pour une multitude de Canadiens.

Jusqu'en 1961, il écrira des œuvres majeures qui témoignent, chaque fois, d'un nouveau pas dans l'évolution de la pensée et de la technique musicale. Pierre Mercure est un compositeur témoin de son temps.

«The artist has a choice: to share in it, or to shun it, déclare-t-il dans un journal de Toronto. But would it not be a confession of defeat for the artist to retire from the struggle at a time when such vast issues are at stake?»

À l'été de 1961, il organise et dirige dans le cadre du Festival de Montréal la Semaine internationale de musique d'avant-garde.

En 1962, il se propose de présenter un concert de musique spatiale dans le même contexte du Festival de Montréal. Le projet implique trois orchestres symphoniques.

Mais en décembre 1962, deux semaines après le décès de Claude Champagne, Pierre Mercure meurt à 38 ans dans un accident d'automobile sur une route de France.

«La qualité de son œuvre annonçait précisément les réussites encore plus remarquables dans lesquelles Mercure ne pouvait manquer de s'engager», écrit Jean Vallerand dans *La Presse*.

Pierre Mercure n'a jamais consenti à la plus légère concession, à la facilité, ni à la plus minime commercialisation de son talent.

Grand musicien et homme de rigueur, il est à l'origine d'une nouvelle musique canadienne.

Denise Morelle

LA CARRIÈRE AVANT TOUT

À partir de 1952, année où elle débutait aux Compagnons de Saint-Laurent en interprétant la mort dans **Les Noces de sang**, de Garcia Lorca, Denise Morelle n'a à peu près jamais quitté la scène, que ce soit à Montréal, en province ou encore en tournée en Europe. Pendant tout ce temps, elle a également été présente à la radio, au cinéma et, naturellement, à la télévision, où elle fut de la distribution de maints téléthéâtres ainsi que de plusieurs séries populaires. Les grands enfants n'ont certes pas oublié la sorcière de **Fanfreluche** et Dame Plume de **La Ribouledingue**.

Dotée d'un physique à transformations, évitant de se répéter, refusant de faire toujours du Morelle, elle fouillait ses personnages à un point tel que les spectateurs en arrivaient à oublier la comédienne.

Denise Morelle a passé sa jeunesse au sein d'une grande famille heureuse: sa mère, excellente pianiste, adorait le théâtre; son père, un raconteur d'histoires et un bon danseur, jouait de plusieurs instruments de musique. «Et moi j'essayais toujours de l'imiter.» «Aussi loin que je me souvienne, j'ai toujours voulu monter sur une scène. En écoutant la radio, je me voyais jouer les rôles, je pouvais prendre toutes sortes d'accents. Très moqueuse, je marchais comme ma mère et comme mes tantes. C'était mon côté clown qui remontait à la surface.»

Au cours de sa carrière, Denise Morelle a joué tout un éventail de personnages. «J'ai joué des choses emballantes, des choses extraordinaires. Je garde des souvenirs inoubliables de certaines tournées que j'ai faites.»

C'est au cours d'une émission radiophonique que Denise Morelle fait ses débuts comme chanteuse d'opéra. Plus tard, elle va devenir prima donna dans la série **La Ribouledingue.** À certains moments, tenant compte de ce potentiel de l'artiste, auteurs et metteurs en scène ont apporté une autre dimension à ses personnages. Et c'est ainsi qu'à certains moments elle a pu faire des parodies d'opéra.

En 1967 et en 1968, Denise Morelle joue et chante en soliste dans les comédies musicales **Hangar 54** et **La Fille de madame Angot.**

Quelques mois avant son décès tragique, la comédienne confiait en entrevue la raison pour laquelle elle était toujours célibataire: «La carrière a passé avant tout. Je ne me serais pas vue partageant ma vie entre une famille et le théâtre. Moi, je n'aurais pu réussir ce tour de force car je suis trop entière: quand je me lance dans quelque chose, je m'y jette à fond.» Il ne semblait pas y avoir d'amertume cachée dans cette déclaration puisque, quelques instants plus tard, Denise Morelle ajoutait: «Je ne regrette pas d'avoir choici le métier de comédienne, bien qu'il soit difficile et exigeant. Moi, quand je joue au théâtre, je vais au bout de moi-même, comme si c'était la dernière chose que je faisais dans ma vie!»

Louis Morisset

LA PASSION DE L'ÉCRITURE

À Ottawa, le 21 avril 1915, Louis Morisset naissait au sein d'une famille heureuse et à l'aise. La mort du père allait changer bien des choses puisque sa mère allait se retrouver sans ressources. Louis Morisset a donc trimé dur durant son adolescence pour pouvoir couvrir ses dépenses et payer ses études. Durant les vacances, il a travaillé comme couvreur dix heures par jour, six jours par semaine, au salaire de 20 cents l'heure.

Après ses débuts dans le journalisme, le jeune homme s'oriente vers le milieu radiophonique. À CKAC, il devient publicitaire et commentateur, tout en exerçant aussi le métier de comédien, particulièrement dans **Rue Principale.** C'est à l'instigation de l'auteur Eddy Baudry qu'il commence à écrire des textes radiophoniques. Il vient de trouver sa véritable voie puisque Louis Morisset, alors âgé de 23 ans, commence à écrire son premier feuilleton radiophonique, **Grande sœur,** qui sera à l'horaire de Radio-Canada pendant 18 saisons.

En 1938, Louis Morisset épouse la belle et talentueuse comédienne Mia Riddez. Ils auront deux enfants, Richard et Violaine. Tout en organisant agréablement la vie de sa famille, Mia se transforme en auditrice attentive de son mari. Comme disait Louis Morisset: «Lorsque Mia est à la maison, je lui raconte le texte que je prépare avant même de m'attaquer à l'écriture proprement dite. J'ai une femme merveilleuse qui accepte de m'écouter, de me dire ce qu'elle pense, en toute sincérité.» Au cours des ans, tout en poursuivant sa carrière de comédienne, madame Riddez allait devenir une collaboratrice précieuse pour son mari, qui commençait à éprouver des problèmes de santé.

Après avoir fait l'adaptation en français du radioroman **Tante Lucie,** ce travailleur acharné signe des contes qui, présentés sous le titre **Écrit la nuit,** mettent en vedette Mia Riddez et Albert Duquesne, ainsi que des nouvelles présentées par Estelle Mauffette à **Contes du lundi soir.**

C'est à CKAC que Louis Morisset va présenter en 1949 le feuilleton **Rue des Pignons**, qui va très vite s'attirer la faveur populaire.

Les années passent et survient l'ère de la télévision. S'adaptant à cette nouvelle forme de communication, Louis Morisset écrit des pièces de son cru ainsi que des adaptations. Il s'intéresse également aux jeunes, pour lesquels il rédige plusieurs textes qui trouvent place dans la série **Ouragan.** Puis survient le téléroman **Filles d'Ève,** à qui les téléspectateurs vont réserver un accueil chaleureux. En 1964, au Gala des artistes, l'auteur de **Filles d'Ève,** qui termine sa quatrième année au petit écran, se voit décerner le trophée du «téléroman de l'année».

Deux ans plus tard, Louis Morisset partait à la recherche de ses personnages de **Rue des Pignons,** qui, 13 ans après avoir quitté les ondes radiophoniques, allaient se retrouver à la télévision. Bien sûr, ces femmes et ces hommes étaient bien familiers à l'auteur puisqu'il les avait si longtemps portés en lui; de plus, ils lui rappelaient des gens rencontrés au cours de sa jeunesse alors qu'il habitait une maison située près du port, où il y avait des familles Jarry, des Maurice Milot, des Flagosse... Et, en parlant de son téléroman, l'auteur disait: «Même dans la rue des Pignons, la vie n'est pas un drame perpétuel. On y rit beaucoup, et on y est même heureux.»

Pour Louis Morisset, le geste d'écrire devenait «un acte d'amour». Après le décès de l'auteur, survenu en 1968, Mia Riddez allait à son tour, avec son cœur et tout son talent, écrire la suite de **Rue des Pignons** pour continuer à faire vivre ces êtres conçus par Louis Morisset.

Henri Norbert

HENRI NORBERT, COMTE DE...

Volpone, Tartuffe, Phèdre, La Nuit du 16 janvier, Jeanne et les juges, Le Roi David, Don Juan, Les Mal-aimés, Le Maître de Santiago, Le Marchand de Venise, Anastasia, Marie Stuart, Le Malade imaginaire, Le mal court, Témoin à charge... on n'en finirait plus s'il fallait relever tous les rôles tenus par Henri Norbert aux Théâtre-Club, TNM, Théâtre du rideau vert, Théâtre du rire (d'Henri Poitras) et dans tous les théâtres télévisés auxquels il a participé à Radio-Canada. Chaque fois, sous la direction des meilleurs metteurs en scène (Jean Gascon, Jean Dalmain, Jean-Louis Roux, Georges Groulx, etc.) et des meilleurs réalisateurs (Roger Racine, Fernand Quirion, Jean Faucher, René Verne, Florent Forget, Aimé Forget, Jean-Paul Fugère, Gérard Robert, etc.).

Carrière gigantesque d'homme de théâtre au Québec.

Deux trophées du «meilleur metteur en scène», au Québec et au Canada.

Fondation d'une troupe de théâtre: Le Trait d'union.

Direction du Théâtre de Sun-Valley pendant plusieurs années. Enseignement, formation d'acteurs.

Participation à tous les radioromans de la maison d'État (**Francine Louvain, Rue Principale, Maman Jeanne, Vie de femmes**).

À la télévision, interprète du Jobidon des fameuses **Enquêtes...** et de Maigret...

Henri Norbert marque profondément une large tranche de notre histoire du théâtre au Québec.

Un Français né à Agen dans le Lot-et-Garonne, en pleine Gascogne.

Henri Norbert, comte de...

Appartenant à la vieille noblesse française, il n'a jamais voulu dévoiler publiquement le nom de sa famille, ses deux prénoms (Henri-Norbert) ayant largement suffi à lui faire un nom!

Venu au Canada en 1949 avec Valentine Tessier et Jean Marais à la demande de France-Film, qui avait engagé une troupe composite pour une série de représentations au théâtre L'Arcade (**Histoire de rire** d'Armand Salacrou), il ne devait pas flâner plus de trois mois au Canada. Ses amis français, Jean Cocteau, Jacques Charron et les autres, l'attendaient joyeusement à Paris, où il préparait depuis dix ans la saison d'été de la Comédie-Française tout en étant le directeur du théâtre Antoine.

Mais Henri Norbert n'utilisa jamais son billet de retour pour Paris; il s'installa à Montréal.

Pourquoi?

«Pour deux raisons, a-t-il souvent commenté. La première, pour céder à l'amitié de quelques jeunes qui m'avaient adopté, Denyse Saint-Pierre, son mari Paul Colbert, d'autres encore à qui j'avais commencé de donner des leçons, Monique Lepage, Ginette Letondal, Béatrice Picard, Edgar Fruitier, etc.

«Puis encore, parce que je n'ai pas voulu céder devant toutes les "vacheries" qu'on m'a faites avec l'intention évidente de me faire déguerpir. C'étaient des comédiens de mon âge qui craignaient de me voir prendre leur place. Ça m'a stimulé. J'ai dit: "Vous voulez que je parte? Je ne partirai pas. Jamais on ne m'a mis à la porte d'une maison ou d'un pays et ça n'est pas ici que ça commencera." Je n'ai jamais regretté d'être resté.»

Au départ fils unique et un peu fainéant, financièrement alimenté par père et mère en cachette l'un de l'autre, Henri Norbert avait tout de même étudié le droit jusqu'à la licence, joué plusieurs pièces à Paris au Théâtre de l'avenue, avec Falconetti, au théâtre Hébertot, chez Charles Dullin, et tourné un film (**La Main de l'homme**) aux côtés de Pierre Fresnay et Gaby Morlay. Il côtoyait alors les Pierre Brasseur, Annie Ducaux, Maria Casares à titre de partenaire.

«À vingt ans, j'ai considéré le métier de comédien comme un amusement, disait-il. À vingt ans, je fréquentais les célébrités. J'étais très beau, j'avais beaucoup de succès. J'aimais les relations faciles, les aventures. J'étais un jouisseur. Je voulais tout vivre au moment où j'en avais envie.»

À cinquante ans, confortablement installé dans sa maison de Westmount, comédien, metteur en scène et professeur de haute réputation, il était le plus charmant des hôtes, accessible, de communication facile, directe, malgré le cigare qu'il aimait fumer en dégustant un verre de rhum...

«Aujourd'hui, je considère que le théâtre est une vocation. Si on ne prend pas ce métier au sérieux, ça devient de l'amateurisme, du patronage. Aujourd'hui, je déteste ceux qui me flattent et je ne demande jamais de publicité. Aujourd'hui, je suis blasé de l'amour, je n'y crois plus. Aujourd'hui, être heureux, c'est avoir la santé et être estimé.»

Un peu déçu de l'humanité pour avoir été trop «roulé», il s'entêtait à demeurer scrupuleusement honnête. Bêtement honnête... par orgueil!

«Ma forme d'orgueil, c'est de ne pas être de la race des salauds. Il y a des gens qu'on devrait foutre en prison. Ceux-là qui ne se souviennent pas du mot "sacré" ni du mot "respect".»

À soixante-dix ans, merveilleux philosophe, Henri Norbert avait déjà fermé son école depuis quatre ans, vendu sa maison de Westmount, mis également en vente ses deux châteaux en Espagne et sur la côte basque.

À vivre six mois (d'hiver) en Bretagne, six mois plus cléments au Québec en conservant la direction du Théâtre de Sun-Valley, Henri Norbert se disait heureux.

«Il faut que je profite un peu de la vie.» Ce qui signifiait alors recevoir ses amis, cultiver les fleurs, préparer de bons gueuletons et écrire. En ce qui concerne l'amour et la séduction, il avait carrément abdiqué. «J'ai eu le maximum. Maintenant, c'est la retraite souriante.»

Henri Norbert avait adopté, il y a plusieurs années, un fils canadien, Rodolphe, futur héritier qui l'escortait fidèlement dans tous ses voyages et déplacements.

«Les gens disent: "Il a de la veine." D'accord. Mais j'ajoute: "Moi aussi." Célibataire, à mon âge, on est heureux d'avoir quelqu'un de confiance à ses côtés.» À Sun-Valley, c'est à Louis Lalande qu'il aimait confier le plus lourd des responsabilités.

Un seul désir dut rester inassouvi: celui d'écrire des mémoires étoffés.

Un seul regret: celui de n'avoir jamais pris la direction d'un théâtre lyrique.

Pourtant Henri Norbert était très ferré en ce domaine. Musicien: douze années de violon. Chanteur: six ans d'études avec Marguerite Carré. Avec une belle voix de «basse chantante», il avait d'ailleurs failli opter pour une carrière à l'opéra.

«Avec ma voix, il aurait fallu que je joue les "vieux" à l'opéra. Alors j'ai refusé, j'ai renoncé. Ironie du sort, je n'ai eu du succès au théâtre qu'au moment de jouer les "vieux". C'est assez bête!»

Comme la vie!

Michel Normandin

«UN HOMMAGE DE LA BRASSERIE DOW!»

Un jour, un jeune homme plutôt déluré s'affairait à donner les cotes de la bourse chez un gros courtier de la rue Saint-Jacques. À l'heure du dîner, le courtier d'en face l'invita à venir donner les cotes de la bourse pour lui... mais sur les ondes de CFCF, un poste de radio privé.

Peu de temps après, les dirigeants de Radio-Canada, qui aimaient les reportages vivants de Michel Normandin, l'invitèrent à présenter à la radio de CBF une description du fameux combat de boxe Castilloux-Hurst, l'un des plus importants de la fin des années 30. Normandin accepta.

C'était le début d'une longue carrière de commentateur sportif pour Michel Normandin. À la radio d'abord, en football, base-ball, boxe, tennis, golf. Puis à la télévision de Radio-Canada, où il se fit le champion commentateur de la soirée de **Lutte au Forum**. Qui n'a pas le souvenir de cette voix stimulante, au débit particulier, aux «r» rrroulés pour dire: «Un hommage de la brasserie Dow»?

Cet amateur de sports talentueux et débrouillard, marié et père de trois enfants, avait commencé sa carrière en parlant d'argent sans en faire beaucoup... Mais il l'acheva, n'en parlant plus du tout et en faisant beaucoup! Il était président, vice-président, conseiller et seul actionnaire de la firme Michel Normandin, publiciste et, à titre de commentateur sportif, il avait conclu en exclusivité un intéressant contrat avec la brasserie Dow.

Collaborateur dans les pages sportives de plusieurs journaux et périodiques, il fut jusque dans les années 60 l'un des plus grands ambassadeurs québécois du sport.

Odette Oligny

JOURNALISTE DU CŒUR

Tout au long de ses années de journalisme, Odette Oligny a touché à bien des domaines, passant des rubriques de mode et de cuisine à celle des vedettes. On a également pu l'entendre à la radio, et on a pu suivre sa carrière par le biais de la télévision.

Originaire de Troyes, madame Oligny avait en 1919 quitté la France pour venir s'installer au Canada. En 1926, elle débutait à *La Presse*, où pendant quatre ans elle fut rédactrice des pages féminines. Dès le début, par ses qualités de cœur et d'esprit et aussi par son réel don d'écrivain, elle a su établir un contact chaleureux avec les lectrices, qui lui ont été très fidèles tout au long de son parcours. Elles ont suivi attentivement son évolution dans sa carrière ainsi que dans les divers organismes humanitaires et culturels où elle travailla avec une belle ardeur.

Ses talents de commentatrice étaient fort appréciés car cette femme cultivée pouvait répondre objectivement aux diverses questions des auditrices de la radio; on peut citer deux émissions fort populaires: **Le Courrier d'Odette** ainsi que **Entre nous, mesdames.**

Dès les débuts de la télévision, on vit madame Oligny au petit écran dans l'équipe régulière de **Édition spéciale**. Au fil des ans, elle a publié plusieurs romans, un recueil de chroniques sur les animaux domestiques ainsi que des livres destinés aux enfants.

Elle avait à cœur l'éducation de ses trois filles: Evelyn, Huguette et Monique. Elles ont gardé un souvenir ému de cette «mère sensationnelle, femme extraordinaire, belle, bonne, intelligente, charitable, douée d'un humour qui nous ravissait. Dans la maison, lorsque nous étions réunies, c'était une rigolade constante, et pourtant nous étions pauvres... mais jamais nous n'avons senti un manque quelconque.» Ce beau témoignage de la comédienne Huguette Oligny nous aide à mieux comprendre les raisons profondes qui attachaient lectrices et auditrices à cette femme qui a certainement laissé des traces dans la vie de celles qui l'ont suivie avec le désir d'aller plus loin.

Marcel Ouimet

L'ART DE LA COMMUNICATION

C'est en 1939 que Marcel Ouimet débute à Montréal comme annonceur bilingue à Radio-Canada. Au cours de la même année, il devient le chef du Service des nouvelles du réseau français.

Après des études universitaires à Ottawa, Marcel Ouimet était entré comme rédacteur au journal *Le Droit*. Trois ans plus tard, détenteur d'une bourse de la République française, il partait pour un séjour d'études à l'École des hautes études sociales de Paris. Diplômé en section journalisme, Marcel Ouimet revint au pays pour y entreprendre une carrière dans le domaine de la communication. En 1941, il épousait Jacqueline Tétrault. Le couple eut trois filles.

De 1943 jusqu'à la fin du conflit mondial, Marcel Ouimet est chef des correspondants de guerre de langue française en Europe. Suivant l'armée canadienne dans tous ses grands déplacements, il prend part aux campagnes de Sicile, d'Italie, de France, de Belgique et de Hollande. Il fait partie de la première équipe de journalistes qui, en juin 1944, va suivre l'armée d'invasion et qui, ensuite, va mettre le pied sur le sol allemand. Ses reportages, ses causeries, ses interviews lui ont valu l'admiration de bien des auditeurs, autant en Europe qu'au Canada. À San Marco, Italie, ce grand correspondant de guerre fit un étonnant enregistrement d'une attaque alliée qui allait susciter un vif émoi chez tous ceux qui l'ont entendu et qui, ainsi, ont eu l'impression de prendre part au conflit.

Les 18 mois qu'il a passés au service de presse de l'état-major des pays alliés constituent des pages émouvantes qui ont fait l'objet de conférences lors de son retour au pays. C'est avec une vive émotion qu'il a alors raconté les scènes déchirantes qui se sont déroulées à

Paris, scènes auxquelles il a assisté lors de l'entrée des alliés dans cette cité trop longtemps occupée par les Allemands. Au cours de ses causeries radiophoniques, Marcel Ouimet a fait le récit d'événements quotidiens qui illustraient le magnifique désintéressement des soldats canadiens, cet esprit de solidarité, de dévouement et de sacrifice qui animait tous les combattants.

À son retour à Montréal, Radio-Canada lui confia le poste de directeur des conférences et de la tribune des affaires publiques. À titre de correspondant au Conseil de sécurité des Nations unies, il conçut des émissions spéciales pouvant expliquer aux auditeurs le déroulement des Conférences de la paix à Paris ainsi que celui de diverses assises internationales aux États-Unis.

En 1947, Marcel Ouimet se voit confier un des postes les plus importants de la radio canadienne: ce jeune homme cultivé, discipliné devient le directeur du réseau français de Radio-Canada. Par son action dynamique, Marcel Ouimet a contribué à l'implantation de la Société Radio-Canada dans l'Ouest canadien.

En 1968, l'Association canadienne-française d'éducation d'Ontario, reconnaissant le travail accompli par monsieur Ouimet dans le domaine de la radio et de la télévision françaises à travers le pays, lui remettait la décoration de l'Ordre du mérite franco-ontarien.

Ce grand communicateur est décédé en 1985 à l'âge de 70 ans.

André Pagé

UNE VIE DE THÉÂTRE

$\mathbf{P}$arti de Trois-Rivières pour venir à Montréal en passant par le Lac-Saint-Jean, où il pratiqua tous les métiers reliés à la radio, il devient un jeune comédien très en demande dans les téléromans destinés à la jeunesse, à l'antenne de Radio-Canada: **Beau temps, mauvais temps, Jeunes visages, Profils d'adolescents, La Force de l'âge, Radisson, Le Courrier du Roy, CF-RCK,** etc.

Il incarne le personnage d'Olivier Latour créé par Robert Choquette dans **La Pension Velder.** Plus tard, producteur et réalisateur d'émissions pour enfants à Radio-Canada; comédien et metteur en scène au TNM, au Théâtre du rideau vert... et à l'Égrégore, où il devient membre du bureau de direction de la troupe, aux côtés de Françoise Berd.

Professeur à l'École nationale de théâtre, on lui doit d'avoir fait appel aux auteurs québécois pour élaborer avec les jeunes comédiens un travail basé sur une dramaturgie nationale. Il a monté plusieurs pièces québécoises au Théâtre d'aujourd'hui, par exemple **Le Temps d'une vie,** de Roland Lepage, et **Dernier recours de Baptiste à Catherine,** de Michèle Lalonde.

Il comblait de théâtre jusqu'à ses temps de loisir. Près du chalet de ses parents, à Saint-Adolphe-d'Howard, dans un petit «camp» de bois, il avait formé ce qu'il appelait L'Ermitage de Thélème. Dans l'antre rustique, il réunissait durant l'été toute une bande de comédiens complices (Michelle Rossignol, Claude Préfontaine et bien d'autres) qui se passionnaient pour la pantomime et se donnaient la réplique gestuelle, le soir à la chandelle.

En 1981, il venait d'être nommé directeur du Théâtre du nouveau-monde, succédant ainsi à M. Jean-Louis Roux, quand il fut trouvé mort dans son appartement du square Saint-Louis, à Montréal.

Bruno Paradis

UNE ŒUVRE REMARQUABLE

Il y a 20 ans, on fêtait ses 25 ans d'engagement par la Société Radio-Canada. Bruno Paradis a été l'un des réalisateurs parmi les plus prestigieux de la maison mère. Animé d'une passion pour le théâtre, connaissant le métier sous tous ses angles, respectueux à la fois de l'auteur qu'il servait et des comédiens qu'il dirigeait, il a hérité du titre flatteur de «metteur en scène» de télévision.

Bruno Paradis est aussi l'un de ces pionniers et artisans de l'époque flamboyante de la radio, à l'heure des radioromans et des grandes séries.

En 1966, l'équipe entière des **Belles Histoires des pays d'En-Haut** le célébrait au Café des artistes après plusieurs années de fréquentation quotidienne dans les studios de la rue Dorchester, dans les salles de répétition de la rue Saint-Luc et dans le décor enchanteur de Sainte-Béatrix, où Bruno Paradis tournait ses séquences filmées. Il fut, après Fernand Quirion, le bâtisseur d'images, le créateur visuel du roman inoubliable de Claude-Henri Grignon.

Bruno Paradis (il est le frère de Gérard Paradis) avait d'abord été comédien chez les Compagnons de Saint-Laurent, au MRT français et avec l'équipe de Pierre Dagenais, dont il est le partenaire fondateur.

En 1941, engagé comme annonceur à Radio-Canada, il fait rapidement le tour du jardin et opte, dès l'année suivante, pour la réalisation à la radio. Tout de suite, on lui confie **La Métairie Rancourt**, puis **La Pension Velder, Le Curé de village, Le Théâtre Ford, Radio-Théâtre, Quelles nouvelles, Les Visages de l'amour** et une foule d'autres radioséries toutes plus populaires les unes que les autres.

Peu de temps après les débuts de la télévision, en 1956, Bruno Paradis passe sans douleur du côté de l'écran. Il signe une vingtaine de téléthéâtres parmi les meilleurs: pièces de Lorca, de Benedetti, d'Yves Thériault, etc. Toutes réalisées en l'espace de trois ans!

Après **Les Belles Histoires...**, le réalisateur dirige pendant deux ans l'équipe de **Rue des Pignons,** écrit par Louis Morisset. Puis il prépare la distribution et fait la recherche des décors et costumes du téléroman de Guy Dufresne **Les Forges de Saint-Maurice.** Seule la maladie l'empêchera de réaliser la série.

Il entreprend néanmoins, au rythme moins essoufflant d'une création mensuelle, la superbe série **À guichet fermé**, qui offre à l'auditoire québécois plusieurs spectacles de théâtre: **L'Homme, la bête et la vertu** de Pirandello, **Monsieur Masure, papa** de Pierre Dagenais, **Vacances pour Jessica,** etc. Tout près d'une dizaine de productions.

Avant de nous quitter, il réalisera les premières tranches du téléroman de Claude Jasmin, **La Petite Patrie.**

Pour Bruno Paradis, son métier fut une vocation. Aussi nous laisse-t-il plus que de beaux souvenirs, il nous laisse une œuvre remarquable...

Gilles Pellerin

L'ART DE LA RÉPARTIE

« **U**n jour, quelqu'un a lancé la rumeur que j'étais drôle. Depuis ce temps-là, je suis bien obligé de faire rire!» (Gilles Pellerin)

Oui, il était l'un des plus petits par la taille. Mais l'un des plus grands par le talent. Et par l'esprit... C'est tout de même dire que sa taille lui avait d'abord valu quelques déceptions. Lui qui, au collège de Nicolet, avait commencé par jouer les «jeunes premiers romantiques» en espérant un jour aborder les grands personnages dramatiques, il dut déchanter en voyant un peu plus tard les salles s'esclaffer au moment de ses tirades sentimentales.

«J'avais subi un affront. Mais je venais de trouver ma voie.»

C'est à peu près à la même époque, à 13 ou 14 ans, qu'il avait connu ses plus grandes peines d'amour. Des peines épouvantables! Au point d'envisager comme saint Tarcissius de se lancer une roche dans le front! Parce que celle qu'il aimait en aimait un autre.

«Un gars plus grand que moi... quand on sait que l'amour ne se mesure pas à la grandeur mais à la longueur... je veux dire à la durée!»

Drôle, mais toujours un peu touchant.

Avec sa vivacité, sa timidité frondeuse et sa façon quasi géniale de faire des gags sur les sujets les plus épineux sans jamais franchir les frontières de la vulgarité, il a été l'une des plus grandes coqueluches du Québec.

Il a toujours eu ce don de faire éclater de rire les foules les plus disparates, celles de la place Ontario aussi bien que les auditoires d'universitaires rassemblés aux Trois-Castors, au Faisan doré, Chez Gérard, à Québec, ou au réputé Saint-Germain-des-prés.

D'abord «straight-man» de Jacques Normand, il doit sa première popularité au statut de martyr que celui-ci lui fait coller à la peau en le criblant de flèches humoristiques sur sa taille, sa maladresse, ses manières lourdaudes. Le public prend parti pour la victime dans l'attente d'une répartie cinglante. Le public espère la revanche du Comanche! Et le Comanche frappe neuf fois sur dix avec le bon «punch».

Le tandem Normand-Pellerin est certainement pour Gilles Pellerin le meilleur tremplin pour la gloire. D'autant plus qu'il débute à la radio également aux côté de Jacques Normand dans **Le Fantôme aux claviers,** sur les ondes de CKVL. Ce qui lui vaut le trophée Radiomonde, décerné à l'annonceur le plus populaire.

Gilles Pellerin était aussi monté sur la scène du Palais du commerce en compagnie de Jean Duceppe et Paul Berval. Mais comme son rôle consistait alors à jouer l'arrière-train d'un cheval loquace... l'expérience n'eut pas un impact éclatant sur sa popularité!

À la fin des années 40, il invente par contre aux Trois-Castors les fameuses aventures de Roland, souvent aux prises avec sa mère, l'ineffable «mère-à-Roland» qui passera à l'histoire! Ce filon le conduira aux plus hauts sommets.

À la télévision de Radio-Canada, il débute à l'émission **Le Café des artistes.** Puis de 1955 à 1957, il joue de nouveau avec Jacques Normand dans cette fameuse **Porte ouverte,** qui n'aurait jamais dû se fermer tant l'émission faisait éclater les records de cote d'écoute.

C'est l'époque la plus florissante pour Gilles Pellerin.

Mari parfait de temps en temps, père merveilleusement attentif épris de ses trois filles, il connaît, dit-on, des difficultés sentimentales qu'il oublie dans une consommation effarante de romans policiers, dans la pratique du golf et dans les joutes de hockey (à titre de spectateur).

Sa carrière politique sous l'étendard du Parti libéral dure le temps d'une campagne fédérale dans le comté de Nicolet et Yamaska, où il est né. Il passe à un poil de la victoire. Le raz de marée conservateur de 1958 le porte défait... mais à quelques votes à peine du poste de député.

De 1963 à 1966, il sera censeur au Bureau de censure de la province de Québec. Ce qui ne l'empêchera pas, quelques années plus tard, de jouer intégralement ses personnages, sans censure aucune, dans **La Pomme, la queue et les pépins** de Claude Fournier et dans **Tout feu tout femme**.

Au petit écran de Radio-Canada, il devient aussi Jules-le-cuisinier dans la superbe télésérie **Montjoye,** écrite par Réginald Boisvert, l'embaumeur de **La Petite Patrie,** de Claude Jasmin, et le «Pierrot Picotte» de **Quinze ans plus tard,** de Robert Choquette.

En 1976, il anime pendant la saison d'été l'émission **Sur les roulettes.** On le retrouve régulièrement sur le panel du **Travail à la chaîne.** Il fait les beaux jours d'**À la seconde.** Vif comme l'éclair, il a le don de la répartie. Même quand on lui dit qu'il a des fans chez les femmes, il réplique: «Oui, chez les femmes en bas de dix ans et en haut de 60 ans. Entre les deux, je n'arrive pas à faire une percée!»

Le bonheur?

«C'est comme la marée... ça monte et ça descend. Il s'agit de plonger au bon moment sans se casser le cou!»

Sur le point d'enregistrer un nouveau téléroman, encore au micro, quotidiennement, d'une station de la Rive-Sud... on lit avec le plus grand désarroi dans tous les journaux du matin, le 16 août 1977: «Le populaire comédien Gilles Pellerin est décédé hier matin à l'âge de 51 ans au cours d'une intervention chirurgicale à cœur ouvert à l'hôpital Santa-Cabrini.»

Denise Pelletier

UN MONSTRE SACRÉ

L'étoile de Denise Pelletier continue de briller dans le souvenir de ceux qui ont eu la chance de voir cette grande comédienne se donner corps et âme au théâtre. On parle de Denise Pelletier au présent parce qu'elle sait si bien donner la vie aux êtres et qu'il serait vraiment insensé de croire qu'elle puisse être disparue sans laisser sa marque.

Elle sait nous faire rire, pleurer, rêver, elle nous émeut, elle nous transporte avec elle dans ce monde enchanté du théâtre où tout se transforme magiquement pour nous faire oublier le quotidien et ses réalités.

Qui est Denise Pelletier? **La Folle de Chaillot,** cette petite vieille merveilleuse qu'elle compose avec tant de justesse alors qu'elle n'a que 27 ans? Ou encore Cécile Plouffe, la si attachante et raisonnable grande fille «qui économise ses sous et ses rêves au profit de l'avenir»? Ou bien cette forte et grandiose Mère Courage qui nous cloue sur nos fauteuils, incapables de retomber dans le présent? Et que dire de cette Divine Sarah qu'elle a refusé de laisser mourir sur la scène, et à qui elle prête ces mots: «Notre âme n'a pas d'âge. Je suis vivante, je serai toujours vivante. Le théâtre me garde vivante. Le théâtre et... vous.»

Dans la jolie municipalité de Saint-Jovite, au sein d'une famille où règne l'amour des êtres, des livres et de l'art, Denise vient au monde le 22 mai 1923. Deux ans plus tard, elle a un petit frère que ses parents prénomment Gilles. Un jour, ces deux enfants feront vivre au public des instants de rêve.

En attendant, à un âge encore tendre, Denise se montre déterminée et se fait déjà du théâtre en s'inventant des drames qu'elle joue devant son miroir. Sportive, elle pratique le ski, la natation, le patin; la danse et le dessin font également partie de ses grandes passions d'adolescente.

C'est au début des années 40 que Denise commence à suivre les cours d'art dramatique donnés au MRT français; plus tard, elle va se joindre aux élèves de Sita Riddez. Très vite, elle reçoit des offres pour jouer à L'Arcade ainsi qu'à la radio, qui vit ses plus belles années. Aimant relever les défis, la jeune fille s'épanouit vraiment dans ce milieu, si bien qu'elle en arrive à délaisser ses autres activités pour se consacrer uniquement à l'étude de ses rôles. En 1942, alors qu'elle n'est âgée que de 19 ans, Denise Pelletier attire l'attention des réalisateurs, qui lui confient des rôles importants à la radio. C'est au cours de cette même année qu'elle commence à faire de la tournée.

Lorsqu'elle devient majeure, Denise quitte le foyer familial pour aller s'installer seule dans un petit logement. Elle aspire au grand amour et l'homme «qui entre dans sa vie à ce moment-là lui révèle l'univers masculin qu'elle recherche». Cet amour, qui dure plusieurs années, comble chez la jeune fille «ce besoin fondamental de toucher la vie et d'en apprendre les pulsations intimes».

En 1946, Denise se joint à L'Équipe, compagnie fondée par Pierre Dagenais. Elle est ravie de pouvoir jouer dans cette troupe prestigieuse où on lui confie presque uniquement des rôles de composition. Parallèlement, elle participe à certains spectacles des Compagnons de Saint-Laurent.

La rencontre de la comédienne avec Jean Gascon en 1951 marque un tournant dans la vie de Denise Pelletier, car le directeur du Théâtre du Nouveau Monde lui fait découvrir des aspects de son talent dont elle n'était pas encore consciente. Maintenant, elle a foi en son talent. À compter de cet instant, elle joue au moins une pièce par année au TNM et elle y remporte de grands succès.

En 1952, pour des milliers de téléspectateurs, Denise Pelletier devient Cécile Plouffe. Après six années de cette aventure, éprouvant le désir de se renouveler, la comédienne décide d'abandonner son personnage.

Hôtesse charmante, Denise aime recevoir des amis et cuisiner pour ses intimes, mais elle apprécie aussi la solitude, qui lui permet de lire, d'écouter la musique qu'elle aime, de dessiner, de tricoter, de s'occuper de la décoration de son intérieur. Elle passe de longues heures à travailler ses personnages, à leur donner vie.

Puis, un jour, c'est la rencontre avec Basil Zarov, un photographe renommé dont elle apprécie l'équilibre, le bon sens, la sociabilité. Au moment de leurs épousailles, elle rêve d'avoir des enfants car elle aimerait reproduire, mais à ses dimensions à elle, le foyer où elle a grandi. Un petit être vient combler les voeux du couple. À cause de sa carrière, Denise ne peut jouer à la mère poule, mais par contre tous les instants qu'elle consacre à Stéphane sont des moments privilégiés.

Un jour, elle entrevoit la possibilité de vivre son rêve, qui est de se consacrer uniquement à sa famille. Avec Stéphane, elle accompagne donc au Congo son époux, qui a un contrat à remplir pour les Nations unies. Au bout de quelques mois, la jeune femme se rend compte du vide de sa vie lorsque le théâtre en est absent. «J'ai alors compris vraiment que le théâtre est ma façon de me réaliser. Je ne me conçois plus sans lui. C'est pour moi un besoin essentiel, et aussi un devoir. D'ailleurs, je crois pouvoir rendre ma famille plus heureuse lorsque je travaille au théâtre.»

Le temps passe. Portée par son amour de la vie et du théâtre, Denise se dépense avec fougue dans tout ce qu'elle entreprend. Parfois il lui arrive de s'irriter de la fatigue et de la nervosité qui, trop souvent, l'assaillent. Elle n'a pas le temps de se reposer car elle se prépare à incarner Sarah Bernhardt. La première de **La Divine Sarah,** un spectacle signé Jacques Beyderwellen, a lieu le 5 août 1975. Denise Pelletier fait revivre la grande comédienne, elle lui prête sa voix, son visage, son corps, sa flamme.

Au début de la tournée, alors qu'elle se trouve à Roberval, elle doit se rendre à l'hôpital car un poids la serre au coeur. Après cet avertissement, qui lui est donné en janvier, Denise Pelletier prend deux mois de repos. En mars, au théâtre Centaur, elle reprend son rôle de Sarah, au rythme de huit représentations par semaine; une seule pensée l'habite, ne pas décevoir son public. Très fatiguée, craignant une rechute, elle va consulter un cardiologue, qui, devant la gravité de l'état de santé de la jeune femme, décide de l'opérer dans les plus brefs délais. Le 22 mai, jour de son anniversaire, toute la famille entoure Denise à l'hôpital; on sable le champagne en évitant de penser au lendemain. Le lundi, 24 mai, tout était terminé pour Denise Pelletier, dont le cœur n'avait pas résisté.

Le 14 octobre 1977, le théâtre Denise-Pelletier est inauguré à Montréal. Depuis, grands et petits qui se rendent à une représentation donnée par la Nouvelle Compagnie théâtrale peuvent contempler le beau visage de cette grande comédienne tant aimée!

Wilfrid Pelletier

MAESTRO!

Ce musicien de renommée internationale, qui a dirigé les plus grands orchestres symphoniques du Canada et des États-Unis, a réussi à atteindre le but qu'il s'était fixé au cours des années 30: doter le Québec d'une vie musicale digne d'une grande nation, tout en poursuivant sa carrière à l'étranger.

À la foi et à la volonté de ce pionnier, ses compatriotes doivent: la création de l'Orchestre symphonique de Montréal ainsi que des Festivals de Montréal; la mise sur pied des conservatoires de musique, ces écoles parvenues depuis à un haut niveau grâce à la compétence des professeurs qu'y a attirés monsieur Pelletier; l'établissement de nouveaux cadres pour l'Orchestre symphonique de Québec, fondé au début du siècle; l'élaboration des Matinées symphoniques pour la jeunesse.

Né à Montréal en 1896, Wilfrid Pelletier disait avoir «appris les notes avant les lettres». Sa jeunesse est heureuse du fait qu'il est élevé dans une famille où la musique détient une place de choix; son père et ses oncles ont formé un petit orchestre amateur auquel, encore très jeune, l'enfant est appelé à se joindre en tant que joueur de triangle.

Tout en étant inscrit à l'école publique, le petit commence l'étude du piano. Déjà, à l'âge de 11 ans, il peut enseigner aux jeunes élèves de son professeur. À peine sorti de son adolescence, il fait ses débuts comme pianiste dans une petite salle de cinéma.

C'est au détour de la quinzaine que va se dessiner sa vocation, ce soir inoubliable où il assiste à son premier opéra. Il est émerveillé de voir et d'entendre un orchestre symphonique composé d'une cinquantaine de musiciens, et il est ébloui par cette présentation de **Mignon** d'Ambroise Thomas. Cette soirée, qui s'est transformée en véritable coup de foudre, va agir sur son choix de carrière: pour

Wilfrid Pelletier, désormais ce sera la musique. Et, pour pouvoir accéder à ce milieu de rêve, avec encore plus d'ardeur il étudie le piano, l'harmonie, la composition. Avant même d'atteindre sa vingtième année, il est devenu répétiteur à la Compagnie d'opéra de Montréal.

En 1915, Wilfrid Pelletier se présente au concours de l'Académie de musique de Québec; il y gagne le Prix d'Europe ainsi qu'une bourse qui va lui permettre d'aller compléter ses études musicales outre-mer.

Après deux années de travail acharné à Paris, il débarque à New York, où ses démarches sont bientôt couronnées de succès puisqu'il trouve un engagement de répétiteur au Metropolitan Opera House. Au cours des répétitions, il a l'occasion de travailler avec les grands chanteurs, les vedettes de l'heure.

En 1922, Wilfrid Pelletier passe au rang de chef d'orchestre et il dirige avec brio l'opéra **Carmen** de Bizet; sa performance lui vaut une critique fort élogieuse dans la plupart des grands journaux américains.

Quelques années plus tard, monsieur Pelletier est nommé responsable d'une importante émission radiophonique aux États-Unis, poste qu'il occupera pendant 12 années au cours desquelles il aura l'occasion de découvrir et de mettre en lumière plusieurs artistes talentueux.

Monsieur Wilfrid Pelletier a épousé le contralto Rose Bampton qui a brillé comme prima donna au Metropolitan Opera de New York. Le couple a eu deux fils: Camille et François.

Maestro Pelletier, comme le désignait Toscanini, a fait une longue et belle carrière avec le Metropolitan comme port d'attache, ce qui ne l'a nullement empêché de venir fréquemment au Québec pour y prendre la direction des orchestres symphoniques, aussi bien en salle que devant les caméras de télévision de Radio-Canada.

Pendant plusieurs années, monsieur Pelletier a été directeur de la musique au ministère des Affaires culturelles, puis conseiller auprès du ministre en matière musicale.

Wilfrid Pelletier est décédé à New York à l'âge de 85 ans. Tous ceux qui ont eu l'occasion de travailler auprès de ce grand musicien sont unanimes à vanter la douceur, la fermeté, l'optimisme et la simplicité qui caractérisaient cet homme exceptionnel.

Henri Poitras

ALIAS JAMBE-DE-BOIS!

Sa vieille tuque enfoncée jusqu'aux oreilles, la mèche grise débordant tout de même sur la nuque, barbe longue, p'tit flasque de caribou dans la poche de ses haillons, Jambe-de-Bois traîne de la patte, essuie son visage avec sa manche... Il pourrait être repoussant. Mais non! Il est si attachant, comme le veut Claude-Henri Grignon, l'auteur des **Belles Histoires des pays d'En-Haut**. Celui-ci vouait un culte aux chemineaux qui parcouraient les campagnes, besace au dos, mendiant un repas ou un coin pour coucher.

Henri Poitras a su faire éclater le personnage dans toute sa modeste splendeur. Si bien qu'on a décerné en 1965 le trophée Méritas pour la meilleure composition à l'interprète de Jambe-de-Bois. C'était bien mérité.

Difficile de cerner les raisons raisonnables qui nous ont rendu Henri Poitras si cher. La bonté empreinte sur son visage? Cette timidité ou bien une si grande simplicité? Henri Poitras ne s'est jamais pris pour un dieu de la scène, considérant son métier d'acteur à la façon des artisans ou des sages, conscient de ses possibilités et de ses limites. Dans le milieu du théâtre, c'eût été un véritable défi de lui retracer un seul ennemi!

Né dans le Faubourg-Québec, l'acteur a décrit lui-même avec humilité le lieu de ses origines dans la revue *Radio 49,* alors dirigée par Robert L'Herbier et Fernand Robidoux. «Les gens huppés habitaient alors les rues Sherbrooke, Cherrier, Saint-Denis et Saint-Hubert. La rue Laval et le square Saint-Louis avaient aussi l'insigne honneur d'avoir comme locataires ou propriétaires l'élite montréalaise. Je suis né dans un quartier relativement pauvre: le Faubourg-Québec. Pour être plus exact, ma mère reçut la visite des "sauvages", rue Wolfe. Si l'écorce était quelque peu rude, le cœur avait souvent la douceur d'un bon vieux curé de campagne. J'en ai connu de ces braves gens qui se seraient fendus en quatre pour vous rendre service...»

Henri Poitras était lui-même de cette fournée.

Même s'il devait côtoyer plus tard Madeleine Robinson au cinéma, Rudy Hirigoyen dans l'opérette **Andalousie**, André Dassary dans **Chanson gitane**, Barry, Duquesne et Deyglun au théâtre, Henri Poitras n'a jamais laissé transpirer l'ombre d'une parcelle de snobisme.

Pourtant, de tous nos acteurs du temps, il est sans doute celui qui a obtenu le succès le plus constant, dans divers domaines à la fois, depuis ses débuts au théâtre Chantecler en 1918.

La Première Guerre mondiale, qu'il a vécue à Valcartier dans un uniforme de sergent, a été la seule interruption de sa carrière. Dès l'armistice, il faisait son entrée à L'Arcade. Depuis, il a été tour à tour codirecteur de l'Impérial à Québec; fondateur et directeur du Théâtre du rire; acteur à la Société canadienne d'opérette, aux Variétés lyriques, à la radio de CBF dans une ribambelle de feuilletons (**Rue Principale, Le Curé de village,** etc.); et professeur d'art dramatique et de mise en scène au conservatoire Lasalle, où il avait d'ailleurs fait ses premières armes non sans difficulté. «Je souffrais d'un complexe d'infériorité. Malgré ma timidité, je disais mon poème en entier. J'écoutais les remarques de monsieur Lasalle et quand je retournais m'asseoir, je pensais: «Ils ont ri de moi, mais ils ne riront pas toujours!» Ces mêmes condisciples ont peut-être ri de moi plus tard, mais j'avais la consolation de me dire: «Aujourd'hui, on me paie pour faire rire les gens!»

Pierre Dagenais a déjà parlé du doyen Henri Poitras comme d'un «pionnier de l'époque héroïque», tailleur de pierres aux mains un peu rudes mais bâtisseur de l'édifice de l'Art au Québec. De l'Art du peuple. De l'Art sublime de l'humanité.

La longue marche de Jambe-de-Bois rejoint celle, courageuse, d'un artiste et d'un homme ayant su vivre debout: Henri Poitras.

Rose Rey-Duzil

À TOUTES LES SAUCES

Évoquer le passé de Rose Rey-Duzil, c'est faire surgir plus de 60 années de souvenirs, de joies et de misères sur les planches. Il faut remonter presque au début du siècle pour pouvoir entrevoir la silhouette d'une jeune fille de 16 ans qui, aux côtés de Juliette Béliveau, interprète le rôle d'une couventine pour sa première apparition sur une scène canadienne.

Rose Dechaux a débuté au théâtre alors qu'elle n'était qu'une enfant, jouant des rôles de petite fille aussi bien que de petit garçon, car il lui arrivait parfois de suivre ses parents dans leurs déplacements professionnels. Son père était directeur d'une troupe de théâtre et sa mère chantait à l'opéra. Appelés à se produire un peu partout dans le monde, les parents de Rose étaient constamment absents, si bien qu'après sa naissance, survenue au Havre, ils placèrent d'abord le bébé en nourrice pour ensuite la confier à sa marraine, qui demeurait à Marseille.

En 1913, Rose Dechaux arrive au Canada avec ses parents, qui l'avaient amenée avec eux en tournée à la Martinique et à la Guadeloupe. Après quelques mois de vacances passés ici, le couple décide d'élire domicile à Montréal.

Pour Rose, les dés sont jetés. La jeune fille va entreprendre au Québec une longue et fructueuse carrière, mais, en attendant, elle décide de se composer un pseudonyme; pour ce faire, elle emprunte le nom de son grand-père, Rey, et celui de sa mère, Duzil. Très vite, la jolie et talentueuse Rose Rey-Duzil fait la conquête du public de théâtre. Pendant bien des années, elle va jouer les grandes héroïnes et les grandes tragédiennes.

Avec la troupe de Henry Deyglun, la jeune femme va faire bien des tournées au Québec et en Nouvelle-Angleterre. «Cette grande comédienne joue ses personnages avec un tel réalisme que certains spectateurs menacent de lui faire un mauvais parti quand elle interprète une marâtre, une méchante femme; d'autre fois, des spectateurs émus par son personnage de mère éprouvée l'applaudissent à tout rompre.»

De son mariage avec Fernand Ouellette, un chef de pompiers un peu plus âgé qu'elle, Rose Rey-Duzil a eu un fils, Adrien, qui plus tard leur a donné deux petites-filles. Très longtemps, ce couple a vécu en harmonie, car comme le disait madame Rey-Duzil lors de son soixante-treizième anniversaire de naissance: «Je suis d'un naturel gai et j'ai horreur de la dispute, si bien que je vis encore en parfaite harmonie avec mon mari.»

C'est en chantant en anglais que Rose Rey-Duzil a débuté sur les ondes radiophoniques. Par la suite, elle allait jouer dans la plupart des radioromans présentés par CKAC et par Radio-Canada. À ce propos, elle s'amusait à raconter qu'à une certaine époque les réalisateurs lui confiaient surtout des rôles de perverse qui embêtait royalement son entourage, quand elle ne semait pas la destruction. Mais, quelle que soit l'identité sous laquelle elle jouait, les auditeurs finissaient toujours par reconnaître sa voix, si bien que, plusieurs fois, il est arrivé à la comédienne de devoir quitter un restaurant ou un lieu public pour ne pas avoir à affronter la colère du public.

Pendant une douzaine d'années, madame Rey-Duzil fut de la distribution de plusieurs spectacles présentés par les Variétés lyriques. À l'arrivée de la télévision, elle fit de nombreuses apparitions au petit écran, tant dans les émissions jeunesse que dans les téléromans et les téléthéâtres.

Tout au long de son existence, Rose Rey-Duzil a travaillé très fort, mais elle a aussi éprouvé de grandes joies dans ce métier de comédienne, qui était son gagne-pain, son passe-temps, son plaisir.

Adalbert (Ti-Blanc) Richard

UN VIOLON ENCHANTÉ

Qui était Ti-Blanc Richard? Conteur, violoneux, amuseur public? Il n'est pas aisé de définir cet homme qui, pendant plus de 40 ans, a amusé la province. Grands et petits ont au moins une fois dans leur vie senti des frétillements dans les pieds en écoutant ses joyeux reels.

Ce violoneux, qui était presque devenu une institution, avouait que, s'il n'avait pas toujours autant travaillé, il aurait pu vivre jusqu'à 200 ans. En rigolant, il racontait que peu importe si à ce moment-là tous ceux de sa génération avaient levé les pieds depuis belle lurette, il pourrait toujours se trouver des spectateurs puisque l'âge de son public s'est toujours échelonné entre 12 et 75 ans, de telle sorte que ce public ne pouvait guère s'épuiser. Avec Ti-Blanc Richard, la réponse fusait toujours rapidement et le rire n'était jamais très loin. «Je suis un joyeux, un raconteur d'histoires. J'ai un répertoire d'au moins 9 000 "jokes" que je tiens en réserve.»

Où sont donc les racines de Ti-Blanc Richard? Au mois d'août 1920, racontait monsieur Richard, un vendredi 13 à 13 heures venait au monde un bébé joufflu pesant 13 livres... Cela se passait à Martinville et Adalbert était le nouveau membre d'une famille de six garçons et de quatre filles. Ses parents étaient de Lambton et de Saint-Georges, et ses ancêtres venaient d'Acadie. Dès l'âge de dix ans, Ti-Blanc allait commencer à aider à faire le train sur la ferme et à faire à bicyclette les courses pour son père, qui était boucher. À 12 ans, finie l'école; l'adolescent va apprendre à se débrouiller seul pour réussir plus tard à écrire à la machine, à parler anglais et à tenir ses livres de comptabilité.

À 14 ans, il commence à jouer du violon sur un instrument qu'il a payé deux dollars cinquante. «Je n'avais alors qu'une idée en tête, c'était de vivre en jouant du violon.» Mais ce n'est qu'à partir de l'âge de 28 ans, trois années après son mariage, que Ti-Blanc Richard commence à vivre son rêve. Pour résumer sa carrière, il cite les chiffres suivants: 1800 émissions de télévision en 22 ans, 1500 émissions de radio, 13 microsillons. Et, ajoutait-il fièrement, «j'ai parcouru un million et demi de milles».

C'est une existence tumultueuse qu'a vécue Ti-Blanc Richard, mais, à travers les rires et les applaudissements, il y a toujours eu place pour l'amour, pour la tendresse envers sa fille Michèle, qu'il aurait bien désiré voir s'orienter loin du show-business, par exemple vers la médecine. Mais en voyant son désir de monter sur les planches, il a aidé Michèle à apprendre le métier aussi bien sur scène qu'à la télévision.

Ce personnage coloré, dynamique et jovial cherchait sans cesse à créer, à faire rire, à étonner, à gâter son public. Il était heureux de constater que la jeunesse cherchait à le découvrir, à le comprendre en l'interrogeant sur sa musique, sa technique, ses compositions. Avec fierté, il disait: «Cette musique découverte par les jeunes, c'est le folklore québécois, le vieux rigodon, celui que jouent Ti-Jean Carignan et monsieur Pointu. Il n'est pas western mais plutôt québécois.»

Le populaire folkloriste et violoneux est décédé à l'âge de 60 ans, laissant des souvenirs joyeux à tous ceux qui ont écouté chanter son violon.

Lise Roy

QUAND LE CHARME SE NOMME
LISE ROY...

À Hollywood, un journaliste qui l'avait entendue, au moment de sa tournée aux États-Unis, écrivait: «Lise Roy a une personnalité fantastique. Elle est née pour devenir une vedette.» Elle l'est devenue! Pas à Hollywood, parce qu'elle n'a pas répondu aux offres alléchantes qu'on lui glissait à l'oreille au cours des années 40, préférant rentrer au pays au bras de son mari Jacques Normand.

Mais au Québec, Lise Roy est élue «reine de la radio» dès 1949. Elle connaît une immense popularité dans toute la province et en France, notamment dans les casinos de la côte basque, où elle interprète des chansons québécoises de Jean-Paul Filion et Hervé Brousseau. À Paris, Lise Roy enregistre quatre disques pour la compagnie Pathé.

Aux États-Unis, il n'est pas exagéré de dire que le couple Normand-Roy s'est vu accueillir avec tout le protocole réservé aux «big stars». Invités privilégiés aux réceptions de Bob Hope; engagés dans les plus grands hôtels de New York; sollicités par les firmes de cinéma à Hollywood, c'est l'époque glorieuse et grisante pour ces deux artistes, qui choisissent tout de même de rentrer au bercail. Il faut dire que le bercail avait les couleurs du succès et de l'aisance. Le Québec les adulait...

À 18 ans, Lise Roy devient la chanteuse attitrée des **Joyeux Troubadours** à l'antenne de CBF, en même temps que les p'tits soldats séduits par son charme et son talent écoutent régulièrement leur Margoton-du-bataillon aux émissions de radio **Tambour battant** et **La Chanson de l'escadrille,** où elle prend la vedette pendant quatre ans.

Dès les débuts de la télévision à Radio-Canada, en 1954, Lise Roy se présente certainement comme l'une des plus exquises diseuses de tous les temps. Elle fait ses premières armes à **Reflets** avec Pierrette Lachance et Pierre Thériault. Puis elle fréquente régulièrement **À la bonne étoile**. En 1958, la télévision d'État lui propose le contrat de **Car l'amour**, un quart d'heure de chansons qui marque le début de la formule **Du côté de chez Lise**. Décidément, les «Lise» ont pignon sur rue Dorchester! Lise Roy anime chaque semaine «son» émission, accompagnée au piano par Rod Tremblay. Une émission que réalise alors un jeune et talentueux réalisateur... Jean Bissonnette.

Tout au long de sa carrière, Lise Roy travaille en étroite collaboration avec son directeur artistique, John Damant, qui deviendra plus tard son mari. Tout-le-monde-il-aime-Lise-Roy! Ce qui fait une jolie fleur au bonnet de l'artiste, qui a vu le jour dans la petite rue Raufré, à la Pointe-Saint-Charles.

Mais le succès de la diseuse nous fait parfois oublier le fait qu'à l'origine Lise Roy se présente comme comédienne. À peine sortie de la classe de Sita Riddez, Jacques Auger lui donne sa chance à son émission de **Théâtre classique**, à la radio de CBF. Le résultat est concluant. Lise Roy fera ensuite la tournée des grands ducs: **Jeunesse dorée, Maman Jeanne, Grande sœur, Radio-Collège, Le Théâtre Ford**. Tous les micros se la partagent. Lise Roy est une comédienne émouvante. Qui a oublié son rôle d'infirmière généreuse et séduisante, à la télévision d'État, dans **Il est minuit, docteur Schweitzer**?

Lise Roy avait fait ses classes sur les planches à L'Arcade, avec les sœurs Giroux et Jean Duceppe.

Pour le petit écran, elle va même écrire des contes, qu'elle récite pendant trois ans aux enfants à l'écoute de **Lili** et de **La Boîte à surprises**.

Au cinéma, elle joue la petite fille à la pomme dans **Le Père Chopin** et Juliette dans **Le Curé de village**.

Mais au-delà du bien jouer et du bien dire, il y a ce charme de Lise Roy... Un charme unique qui séduit sans effort. Par exemple, vous vous souvenez quand elle chantait cette poésie de Jean-Pierre Ferland? «J'ai pris un côté de la lune... un champignon pour faire un toit...»

Raoul Roy

LE TROUBADOUR DE SAINT-FABIEN-SUR-MER

Raoul Roy, ethnographe.

Une sorte de troubadour typiquement québécois, engagé politiquement, qui s'est chargé de la délicate mission de ressusciter sans compromission la tradition populaire.

Raoul Roy est, chez nous, ce genre de folkloriste qui rend le passé attrayant, l'histoire comestible. En chansons, il révèle la véritable légende des hommes et des femmes du Québec.

Parti de Saint-Fabien-sur-Mer pour étudier à l'École marine de Rimouski, il devient technicien en radio. Puis il étudie la guitare classique avec Stephen Fentok, écrit des poèmes et se lance comme chansonnier au café L'Arlequin, à Québec.

Opérateur de radio à l'aéroport de Dorval et à l'Ancienne-Lorette, il poursuit encore des études en littérature canadienne à l'Université Laval. C'est là qu'il rencontre le fameux ethnographe Luc Lacourcière, qui le «débauche» de façon irrémédiable!

Sourire tendre et barbe au vent, Raoul Roy s'en va faire un stage de deux ans en Angleterre. Il étudie au Spanish Music Center, chante dans les cabarets spécialisés en folklore international et présente son spectacle au Royal Festival Hall de Londres.

De retour au pays, en 1961, il bat la campagne pour recueillir, magnétophone au poing, de nouvelles chansons du terroir. Il nous offre ensuite la crème de sa récolte, avec finesse et humour, dans les centres culturels, à la radio, à la télévision, etc.

Dans une grange que son père lui a léguée, il organise un centre d'art, Le Pirate, à Saint-Fabien-sur-Mer, où plusieurs chansonniers québécois se retrouvent durant l'été. Comme c'est l'époque glorieuse de la chanson québécoise, il met sur pied L'Étrave, à Percé, en Gaspésie, toujours à l'intention des chansonniers. On se ballade dans les années 50 et 60.

À Radio-Canada, on l'invite à **Jeunesse oblige, Les Cailloux, À cor et à cri, Mon pays, mes chansons, Pleins feux.** Le Québec éclate!

Raoul Roy participe à plusieurs séries d'émissions destinées aux radios étrangères.

Il est de tous les festivals folkloriques du Québec. Il chante à la discothèque L'Imprévu dans le Vieux-Montréal et en devient pour un an l'animateur et directeur artistique.

Raoul Roy a publié **Le Chant de l'alouette,** un recueil de chansons folkloriques, et enregistré quatre disques sous étiquette Sélect et... 24 disques pour le Service international de Radio-Canada.

Étrangement, Raoul Roy reconnaissait que l'avènement du disque détruisait le principe même du folklore!

«Lorsqu'on parle de chansons traditionnelles, il faut qu'il y ait tradition orale. Il faut que les chansons soient transmises de père en fils, subissant des métamorphoses... Autrement, ça n'est plus du folklore. Avec le disque, il n'y a plus de variantes possibles et on ne parle plus de folklore.»

Mais sachant qu'en lavant la vaisselle aujourd'hui (c'est-à-dire le temps de déposer les assiettes dans le lave-vaisselle), on écoute des disques anglais ou américains à la radio, Raoul Roy a tout de même voulu conserver les fleurs de notre patrimoine, qui risquent fort de ne plus se transmettre d'une génération à l'autre. Ni en ville, ni dans les campagnes.

Avec quelques regrets, avant de partir, la vigie nous aura mis en garde...

«La facilité et la médiocrité guettent sans cesse l'homme, on dirait. Il s'agit de ne pas se laisser envahir par les orties.» Raoul Roy était patriote.

Herbert Ruff

L'ONCLE... HERBERT RUFF

Même ceux qui, par une mémoire honteusement défaillante, ne se rappellent pas le nom de Herbert Ruff en connaissent au moins la musique. Vous vous rappelez le thème musical de **La Boîte à surprises**? De ces petites notes fantaisistes, joyeuses, qui dégoulinent tout au long de la phrase musicale? De ces trames sonores parfois dramatiques qui font frémir, toujours avec un sourire en coin? La musique de Herbert Ruff est unique, identifiable entre mille. Ce grand musicien sans snobisme a su créer son style musical, un «son» bien à lui, diraient les techniciens de spectacle.

Avec sa bonne tête d'oncle généreux, Herbert Ruff fait partie d'un monde qui ne nous quittera jamais. Probablement parce qu'il a marqué l'enfance de plusieurs générations. Entre Herbert Ruff et Radio-Canada, c'est la grande histoire d'amour. Sa musique sert d'identification à presque toutes les émissions pour enfants: **Sol et Gobelet**, **Grujot et Délicat**. Ça vous dit quelque chose? Et le **Pirate Maboule**? Et **Picotine**, **Nic et Pic**, **Alexandre et le Roi**?

Chaque fois, Herbert Ruff compose et dirige la musique de ces émissions. Chaque fois, ses mélodies bercent notre inconscient. Si bien que sans le voir la plupart du temps on a l'impression d'avoir vécu en famille avec «l'oncle Herbert».

Il était né en Autriche, avait étudié au conservatoire Stern de Berlin. Grand dieu des routes, il avait séjourné en Suisse, en Tchécoslovaquie, enseigné le piano et la composition en Chine, au Conservatoire de Nankin et effectué une tournée aux États-Unis avec ses propres compositions.

En 1952, il immigre au Canada.

Et on doit à Radio-Canada d'avoir su reconnaître et garder ce «globe-trotter» au pays.

C'est encore Herbert Ruff qui signe la musique du générique du **Sel de la semaine**, d'**Égrégores**, du **Temps de vivre** et de tant d'autres émissions à CBF-FM dans le cadre des **Nouveautés dramatiques**, de **Mélodies** ou de **Sur toutes les scènes du monde**.

Ciao! oncle Herbert!

Andrée Saint-Laurent

UNE SOIF DE VIVRE

Trop courte carrière que celle d'Andrée Saint-Laurent, qui, pour se définir, employait le terme «vivante». Cette grande fille au regard clair avait un goût très grand pour la vie, qu'elle avait l'audace de regarder bien en face.

Dans les premiers temps, sa carrière était axée principalement sur le théâtre: au cours d'une même année, elle pouvait jouer dans cinq ou six pièces. Puis un jour, elle est apparue à la télévision dans un des très beaux personnages de **Filles d'Ève** et par la suite dans **Rue des Pignons.**

Andrée Saint-Laurent était entièrement prise par ce métier de comédienne dont elle avait rêvé dès son enfance, pour l'aborder à sa sortie du couvent. Ça se passait au Chanteclerc de Sainte-Adèle, dans **La Mégère apprivoisée,** alors que la jeune fille de 17 ans jouait aux côtés de Jean Coutu et d'Albert Millaire. Sa voix grave et passionnée avait impressionné tous les spectateurs, intrigués par la présence de cette nouvelle venue.

En 1957, elle partait pour Paris à la recherche du secret qui l'aiderait «à devenir la tragédienne du siècle», le rêve qu'elle caressait en toute naïveté. À regarder travailler les gens de théâtre, à se frotter à la culture des personnes qu'elle avait l'occasion de rencontrer, elle allait bientôt orienter autrement son idéal pour essayer de pratiquer son art «en ne perdant pas de vue que c'est pour le public que l'on travaille». Avec une ardente conviction, elle ajoutait: «Mais il faut le faire sans concession à la médiocrité, car il y a une différence entre la popularité et la vulgarité ou la décadence.»

245

À Paris, celle qui avait quitté le Québec avec l'intention de se libérer personnellement étudiait au Conservatoire tout en suivant certains cours à la Sorbonne. Avec des camarades de la Cité universitaire, elle faisait du théâtre. Elle écrivait de courts textes sur les événements qui se passaient en France et elle les lisait ensuite au micro de la RTF.

Elle allait revenir au pays au début de la Révolution tranquille, à l'époque où tout bougeait, où tout était entrouvert, où tout le monde sentait que c'était le temps de foncer. Tout en se produisant régulièrement au théâtre, la comédienne allait toucher à bien des domaines; elle est devenue directrice de production dans une compagnie produisant des films éducatifs; en 1967, elle fut hôtesse au Pavillon du Québec à Terre des Hommes; plus tard, avec Daniel Roussel, elle devait fonder Le Polygone, groupe théâtral qui produisit trois spectacles avant de devoir mettre un terme aux projets par manque de subventions.

Peu de temps avant son décès survenu subitement, à la question suivante: «Dans le milieu artistique, est-on maître de son destin?», Andrée Saint-Laurent avait répondu: «Plus ou moins mais on peut cependant contrôler certaines choses... Moi je crois à l'évolution, aux processus de l'évolution et aux rencontres. Même s'il est difficile parfois de vivre, moi j'ai beaucoup de goût pour la vie.»

Yves Thériault

L'ÉCRIVAIN LÉGENDAIRE

Pour Yves Thériault, ce grand conteur d'histoires, le contact direct avec son lecteur a été sa préoccupation constante tout au long de sa carrière. Il a toujours écrit en fonction de ce qu'il appelait son «lecteur inventé», cet inconnu à qui il destinait son aventure, «et ce lecteur inventé prend une dimension presque physique devant ma machine à écrire».

À la suite de la lecture d'une critique acerbe, un peu bougon, l'écrivain déclarait: «On peut bien me dire que j'écris mal, mais on ne m'enlèvera pas de l'idée que j'ai quelque chose à dire, et je le dis.» Pour toucher de façon concrète ce «quelque chose à dire», si nous faisions un bref survol d'une partie de l'œuvre littéraire de cet auteur, dont chaque année les livres ont inondé le marché québécois et dont les textes ont été lus sur les ondes. À titre de scripteur pour la radio et la télévision, il a écrit 1500 textes; il a publié 37 romans, 21 livres pour enfants et adolescents ainsi qu'une série de récits d'aventures; pour le théâtre et les téléthéâtres, il a adapté plusieurs de ses romans, en plus d'y présenter plusieurs originaux.

Où Thériault a-t-il pris ce goût du fantastique qui a marqué son œuvre? Il semble qu'il n'ait subi aucune influence livresque et que cela lui soit venu naturellement en puisant son inspiration dans les expériences de sa vie active, et même bousculée. D'origine indienne de par son père, Yves Thériault croit que le fait d'appartenir à deux races l'influence beaucoup, surtout lorsqu'il décrit la nature. «J'essaie d'exprimer celle-ci par opposition aux institutions humaines. C'est en quelque sorte une mystique. Comme les Indiens, je tends à déifier les forces de la nature et à rallier ces forces sous la coupe d'un Dieu unique, le Grand Manitou de l'Écriture.» Il se disait doué d'une curiosité universelle, «ce qui m'a peut-être épargné d'être entiché d'un auteur en particulier, ou d'un groupe d'auteurs, d'une école littéraire, au point que leur influence se serait reflétée dans ce que j'écris».

Yves Thériault est né dans la basse-ville de Québec, sur la rue du Pont, «entre deux boîtes de strip-tease», et il a par la suite été élevé dans la basse-ville de Westmount, «au bas des côtes qui charriaient les saloperies des riches d'en haut». Après sa huitième année, il quitte l'école pour devenir successivement boxeur, pilote d'avion, chauffeur de camion, travailleur dans les bois, conducteur de tracteur... «J'ai toujours été un aventurier et je peux avouer que j'ai beaucoup bourlingué dans ma vie. Je me suis posé tous les défis et je pense avoir fait pas mal tout ce que je m'étais dit que je ferais quand j'avais 15 ou 16 ans.» Ces multiples expériences ont sans aucun doute aidé l'écrivain à bien camper ses personnages dans les différentes sphères où ils ont évolué.

Yves Thériault commence à écrire à l'âge de 26 ans, à cette époque où il était quasi impossible de gagner sa vie avec l'écriture. Il revenait de la guerre lorsque soudain, en ouvrant un journal, il tombe sur une annonce classée où l'on demande un écrivain. Il se rend alors à l'adresse indiquée pour apprendre que le travail consiste à écrire des petits romans à dix cents. On payait 50 cents la page et 20 dollars le roman. Avec sa femme, il se met à la tâche, elle écrivant les histoires d'amour, lui les histoires d'aventures. À un certain moment, ils pouvaient en produire jusqu'à douze par semaine, ce qui leur assurait un revenu intéressant. Et c'est ainsi, explique Yves Thériault, «que j'ai vraiment appris le métier d'écrivain, c'est là que j'ai appris à faire des synthèses, et c'est cette époque qui m'a donné ma vitesse d'écriture».

En 1938, il écrit des contes et des nouvelles pour le journal dirigé par Jean-Charles Harvey, *Le Jour*. Arrive l'époque des radioromans alors que Thériault écrit 13 émissions par semaine. Comme commentateur, éditorialiste, animateur, il travaille dans différents postes radiophoniques de la province. Puis, son travail devient plus sérieux au moment où, à CBF, il commence à diriger **Studio G7**, où se retrouve l'originalité d'invention de ses contes. Comme la radio le passionne, il essaie d'y apporter une note nouvelle.

Il arrivait au romancier de parler de l'écrivain québécois des années 50, «un écrivain sans lecteurs du fait que le marché ne s'était pas encore développé et que les éditeurs ne nous faisaient pas confiance». Il lui a donc fallu faire lui-même son chemin, apprendre à jouer avec les techniques de la narration. «Au fond, je me suis fait tout seul.» Sa technique, il se l'est lui-même forgée: «Il faut que j'écrive mon premier jet tout d'une traite, je ne m'arrête jamais à un point de grammaire, de syntaxe... Et j'écris indifféremment en français et en anglais.»

Pour Yves Thériault, la vieillesse n'a en rien affecté ses facultés créatrices, en fait vieillir ne l'aurait aucunement dérangé si ce n'avait été de la maladie. En 1970, une thrombose cérébrale le laisse paralysé quelque temps; il lui faudra trois ans pour réapprendre à parler, à marcher et même à signer son nom. C'est à l'abus de l'alcool qu'il attribuait cette thrombose qui allait sérieusement ralentir sa carrière. Un jour, il décide de se prendre en main et, par le biais d'une annonce classée, il propose à des étudiants des ateliers littéraires. «Ces ateliers m'ont posé le défi de réapprendre à parler, à m'exprimer sans bafouiller.»

En 1979, Yves Thériault se voyait décerner la plus haute récompense littéraire québécoise, le prix David. À force de travail, il a réussi à se hisser parmi les écrivains les plus remarquables de notre littérature. Plusieurs des récits de ce raconteur d'histoires sont maintenant à l'étude dans les écoles et collèges du Québec.

Marthe Thiéry

UNE VIE D'HOMME

Comédienne racée, admirable. Femme discrète, secrète même, noble et élégante, elle a vécu l'âge d'or du théâtre, c'est-à-dire l'aventure théâtrale au Québec depuis le début.

Son père, Antoine Bailly dit Godeau, avait fondé avec Palmieri, Elzéar Hamel et J.P. Filion le Théâtre des variétés avant de s'installer au National. Comédien, directeur de théâtre, administrateur de L'Arcade, il rêvait de faire jouer Molière à Montréal (ce que réalisera plus tard Jean Gascon)... Mais en 1900, il présente surtout des pièces dans la lignée des **Deux Orphelines** et des **Trois Mousquetaires**. C'est comme ça que sa fille unique et adorée, Marthe, jouera dès l'âge de cinq ans dans un mélo-western!

En 1922, Marthe Thiéry fait une tournée à travers la Belgique et les provinces françaises avec **Le Mortel Baiser,** de Paul Gury. Puis elle se joint à la troupe de Barry-Duquesne et épouse l'un des directeurs, Albert Duquesne, venu tout droit de Baie-Saint-Paul, dans le comté de Charlevoix. Avec lui, elle joue non seulement sur scène mais à la radio, dans toutes les pièces commanditées par le sirop Lambert, les **Théâtre Ford** et **Sur toutes les scènes du monde**. Marthe Thiéry est de tous les radioromans à l'affiche de CBF... Tout ça, en élevant ses trois filles.

«Avant tout, il y a eu les enfants!» Sa fille aînée dira: «Maman a conduit sa vie comme un homme. Et ses filles lui ressemblent!» «J'ai été très indépendante», reconnaît Marthe Thiéry dans le *Châtelaine* d'avril 1965. «Je ne suis jamais là à me dévouer pour un homme.» Par contre, il faut savoir qu'elle n'a jamais connu d'autres intérêts véritables que sa famille et sa carrière...

251

D'une vitalité remarquable, Marthe Thiéry plonge, chaque fois, dans un rôle avec toute la passion (contrôlée) dont elle est capable. «Mes plus beaux rôles, je les ai joués à la télévision, à la fin de ma carrière. Pirandello, Lorca, Camus... et l'excellent téléroman de Jean Filiatreault, **La Balsamine**...

Autonome, disciplinée, mais généreuse et tendre à sa façon, Marthe Thiéry a toujours poursuivi le même but: créer du bonheur autour d'elle. Il faut croire qu'elle l'a atteint plus souvent qu'autrement puisqu'elle se déclarait, à la fin de sa vie, «une femme heureuse»!

Denise Vachon

EN DOUCE... LA PASSION!

Une passionnée de théâtre trempée dès le départ dans le bain thermal des Compagnons de Saint-Laurent.

Le père Émile Legault, qui était, comme on le sait, l'âme de la troupe, par conséquent rodé aux élans enthousiastes des jeunes acteurs, avouait pourtant son étonnement devant tant de feu sacré.

«Denise est une femme dévorée par le théâtre. Paradoxalement, on peut dire qu'elle en mange! Elle est emballée par son métier et toujours infiniment disponible.»

Avec les Compagnons de Saint-Laurent, Denise Provost se signale tout de suite dans **Andromaque, La Nuit des Rois, Le Noël sur la place, Le Chant du berceau, Le Jeu de l'amour et du hasard.** Mais c'est dans une pièce de Tennessee Williams, **La Mégère apprivoisée,** qu'elle se mérite vraiment les plus grands éloges... Elle est faite pour la communication directe. «Tu m'as vraiment comblé dans ce rôle», lui dit le père Legault. C'est le signe qu'elle attendait depuis le jour de son entrée dans la troupe. Elle quitte alors allègrement un travail de secrétaire pour plonger dans l'aventure théâtrale. En suivant les cours de madame Jean-Louis Audet, de Jeanne Maubourg et de François Rozet, la jeune comédienne montréalaise veut remonter jusqu'à la source... Elle s'envole audacieusement pour Paris, escortée de Guy Provost, son beau mari tout neuf. Le couple s'offre une cuvée artistique pendant huit ans.

À Paris, Denise Vachon-Provost étudie avec Bernard Bimont et Étienne Decroux en même temps qu'elle monte sur les planches à la Comédie de Saint-Étienne et au Studio des Champs-Élysées.

De retour au Québec en 1957, elle fonde avec Denise Pelletier, Lucille Cousineau, Guy Provost, Georges Groulx et Louis Turenne le premier théâtre d'été à Percé, L'Escale. On y présente **Le Printemps de la Saint-Martin, Un caprice, L'Homme au parapluie,** etc.

À l'automne de la même année, le réalisateur Paul Blouin lui confie un rôle dans **Cap-aux-Sorciers.** Denise Vachon est lancée. À la radio de CBF, elle fait sa marque au **Théâtre du dimanche,** au **Théâtre Ford, Sur toutes les scènes du monde** et dans le radio-roman **Jeunesse dorée.** Belle, blonde et pourvue de caractère, elle est sollicitée par la télévision: **Beau temps, mauvais temps, Jeunes visages, Filles d'Ève, La Balsamine,** téléthéâtres à la ronde...

Présente sur la scène du Théâtre-Club, au Théâtre du rideau vert et à la Comédie canadienne, elle reçoit lors du Festival dramatique régional le trophée du «meilleur rôle secondaire» pour son personnage d'Ismène dans **Antigone** d'Anouilh.

Heureusement, il y a parfois relâche au théâtre; à deux reprises et en toute complicité, Denise et Guy Provost deviennent d'heureux parents.

Avec cette voix grave et douce, son sourire attachant, Denise Vachon-Provost a toujours parlé de la jeunesse avec enthousiasme. Elle y plaçait toute sa foi. C'est d'ailleurs l'image d'une femme jeune qui reste gravée dans nos mémoires puisqu'elle nous a quittés à 46 ans à peine, victime de l'un de ces fichus accidents cardiaques.

Table des matières